W0198053

Affirmationen

»Leben war nie als Kampf gedacht,
mehr wie ein Wandern durch ein sonniges Tal
von einem Punkt zum nächsten«

Stuart Wilde

Stuart Wilde

Affirmationen

Gedanken haben Schöpferkraft

UNDINE
Verlag

Titel der amerikanischen Originalausgabe: »Affirmations«
erschienen 1987 bei White Dove International, Inc.,
Taos, New Mexico, USA

Aus dem Amerikanischen von Karl Friedrich Hörner

CIP-Titelaufnahme der Deutschen Bibliothek
Wilde, Stuart:
Affirmationen : Gedanken haben Schöpferkraft / Stuart Wilde.
[Aus dem Amerikan. von Karl Friedrich Hörner]. - München :
Undine, 1991
Einheitssacht.: Affirmations <dt.>
ISBN 3-927629-07-3

Foto und Gestaltung: Ludwika Müller
Herstellung: Jos. C. Huber KG, Diessen

ISBN 3-927629-07-3

Printed in Germany

Inhalt

»Der Zweck dieses Buches AFFIRMATIONEN ist es nicht, Ihnen schöne Worte zu präsentieren, die Sie zu sich selbst sagen sollen, vielmehr möchte es Ihnen eine Schnellstraße zeigen, auf der Sie den Kampf überwinden. Es will Ihnen helfen, den tieferen Sinn von Bewußtsein und Wirklichkeit zu verstehen, und Sie so in das Licht bringen.«

»Wir Menschen neigen oft dazu, unser Leben als unbedeutend zu sehen. Das ist es aber nicht. Alles hat seine Bedeutung. Jede Aufgabe ist ein Teil Ihres heldenhaften Strebens nach Transzendenz. Wenn Sie sich Zeit nehmen, Ihre Erfolge zu würdigen, erleben Sie Macht in dieser Welt, was den meisten unbekannt ist.«

»Die Dinge, an die Sie glauben, sind das Gepäck, das Sie Zeit Ihres Lebens mit sich tragen. Der wahre Weise glaubt an nichts, außer an die Heiligkeit aller Dinge. Er lebt in der Spontaneität der Energie. Er verteidigt nichts, noch verurteilt er etwas. Seine Welt ist ewig und unendlich, er sieht Schönheit in allen Dingen, und er akzeptiert die Wege des Menschen, auch ihre Begrenztheit und ihre Kämpfe. Er weiß, daß es ohne Beschränkung keine Herausforderung gäbe.«

»Stellen Sie sich Ihre Gedanken als einen Pfeil vor. Wenn ein Gedanke den Bogen Ihres Geistes verläßt, verflüchtigt sich seine innere Stärke je nach der Menge an Lebenskraft, die er enthält. Die Lebenskraft aber erzeugen Sie. Wenn Ihr Energiepegel abgesunken ist, ist auch die Kraft Ihrer Gedanken gering. Es gibt nichts Mächtigeres als Ihre innere Lebenskraft. Sie ist die eigentliche Essenz Ihres Wesens, und genau dieser Teil Ihres Wesens wird Sie aus dem weltlichen, alltäglichen Leben hinausführen. Genau dieser Teil verbindet Sie mit allen Dingen und ist die Stimme, die aus der Unendlichkeit zu Ihnen ruft und nur manchmal vernommen wird.«

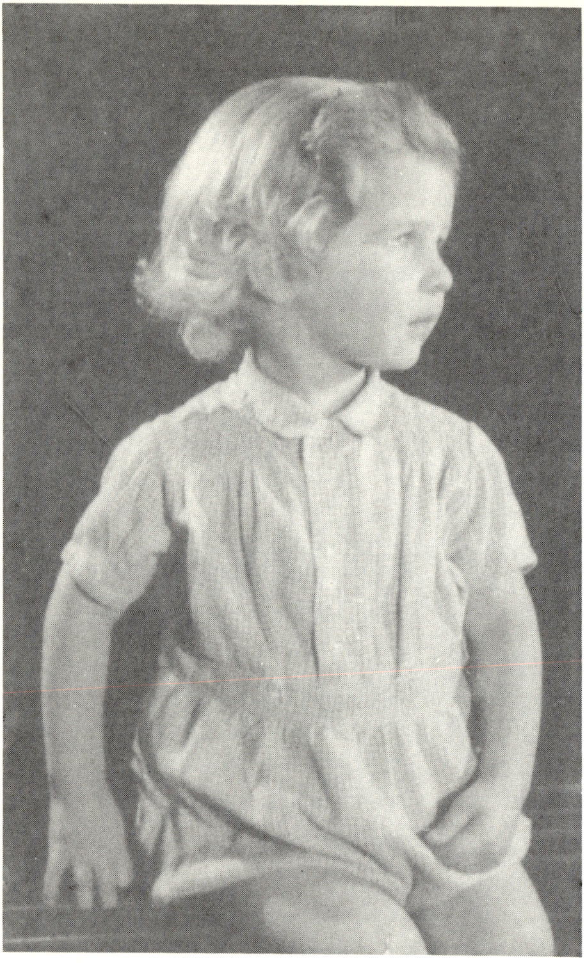

Der Autor

1

So fing es an

Ich wurde in sehr zartem Alter geboren, in Farnham in England. Die Umstände meiner Geburt waren sehr bewegt. Meine Zwillingsschwester auf dieser physischen Ebene erschien etwa zwanzig Minuten vor mir. Mir gefällt der Gedanke, daß ich ihr diesen Vortritt ließ, weil sich das für einen anständigen kleinen Gentleman so gehörte – doch um der Wahrheit die Ehre zu geben: Ich hatte wohl hinter den Kulissen geschlafen und den Aufruf verpaßt.

Mein Vater war Offizier in der britischen Marine. Um die Zeit meiner Geburt im Jahre 1946 wurde er ins Außenministerium, in den diplomatischen Dienst, berufen. Meine Mutter war Sizilianerin. Sie hatten sich bei der Invasion der Alliierten auf Sizilien kennengelernt und innerhalb von drei Wochen geheiratet. Mutter war sehr klug, Professorin für Sprachen und der einzige mir bekannte Mensch, der fließend Latein sprach.

Wie viele Sizilianer war auch sie auf die Welt gekommen, um in ihrem Leben das Thema »Essen und Emotion« zu variieren. Geschickt, wie viele ihrer Landsleute, verband sie diese beiden Aspekte in der Praxis miteinander, indem sie uns meist abends beim Essen emotionell in Schwung brachte.

Doch trotz aller Unausgeglichenheit war ihre Liebesfähigkeit grenzenlos, und so hatte ich einen guten Start.

Während meiner ersten zehn Jahre auf Erden schleppten mich meine Eltern von einem unbekannten Winkel des britischen Empires zum nächsten, während mein Vater die Ehre der Krone vertrat – was für die meisten zu bedeuten schien, endlose Stunden in schlecht beleuchteten Kolonial-Clubs herumzustehen und Gin zu trinken. Als kleiner Junge vermochte ich beim besten Willen nicht zu begreifen, wie dies der Queen helfen sollte, aber die Reden der Männer gingen so weit über meinen Horizont und klangen so bedeutend, daß ich annahm, es handle sich um sehr geheime offizielle Geschäfte. Meine Erfahrungen in diesen Clubs in den Kolonien waren jedenfalls unbezahlbar, denn hier lernte ich schnell das Leben kennen. Das Erleben der vielen unterschiedlichen Kulturen half mir, Offenheit für die Welt und ihre Menschen zu entwickeln.

Mit zehn Jahren schlug das Schicksal zu. Vom sorglosen Leben an den Stränden Afrikas wurde ich in eine boarding school in England geschickt, eine Art Mausoleum, gegründet vor Urzeiten. Regeln und Philosophie des Hauses waren archaisch und bizarr, um es milde auszudrücken. Das meiste ließ sich auf irgendeinen obskuren kleinen Mann zurückführen, der in prähistorischen Zeiten auf einer Düne saß und sich Methoden ausdachte, Menschen zu manipulieren und zu schikanieren.

Ich habe meinen Vater noch deutlich vor Augen, wie er vor meiner Abreise nach England auf der Rollbahn des Flugplatzes von Acora stand und mir feierlich eine Fünf-Pfund-Note überreichte. Im zarten Alter von zehn Jahren schien mir das ein ungeahntes Vermögen. Doch in der Schule entdeckte ich schon bald den Süßigkeiten-Laden, und hier sowie aufgrund der galoppierenden Inflation erlebte ich, wie das erste Bargeld innerhalb von zehn Tagen meiner Schülerkarriere zerrann.

Ohne Geld und zehntausend Kilometer von elterlicher Rettung entfernt, beschloß ich, mein Dilemma selbst zu lösen. Die Professoren des Hauses brachten mir unterdessen alle möglichen Dinge bei, die mir, wie sie behaupteten, später im Leben zustatten kommen würden, zum Beispiel »wo der Limpopo fließt«. Irgendwie ahnte ich, daß das Woher und Wohin des Limpopo-Flusses mein Problem nicht lösen würde, und so ging ich daran, die emotionalen Grundbedürfnisse meiner Mitschüler zu erkunden.

Zigaretten schienen die ideale Schmuggelware zu sein. Zehnjährige Knaben durften das Schulgelände nicht verlassen, und so wies die Versorgung gewisse Mängel auf. Da die Nachfrage bereits bestand, galt es, die Problematik des Nachschubs anzugehen. Eines Morgens waren die Götter mir gnädig, und ich lernte einen älteren Schüler kennen, der täglich zum Dorf radeln mußte, um dort Zeitungen für die Lehrer zu holen. Ich hielt ihn an und fragte ihn mit meinem besten sizilianischen Akzent, ob er mit mir ins Geschäft kommen wolle. Er sagte: »Nein«. Daraufhin boxte ich ihm auf die Nase, und wir wurden Freunde und Partner fürs Leben.

Unser Import-Export-Geschäft florierte, und etwa im Alter von dreizehn Jahren bekam ich den ersten Vorgeschmack auf meine heutige Karriere als Verleger. Natürlich war es nicht das gleiche. Lassen Sie mich erklären: Bei vierhundert Jungens, die alle ungefähr gleichzeitig in die Pubertät kamen, waren Illustrierte mit Mädchenabbildungen begehrt. Zum Glück war unser Kapital diesem Bedarf gewachsen, und wir gingen die Sache mit Elan an. Geld floß aus dem Verkauf und Verleih herein, und bald expandierten wir in das Versicherungsgeschäft. Für wöchentlich fällige Groschenbeträge konnte ein Schüler sich dagegen versichern, geschlagen zu werden. Wir hatten zwar nicht die Macht, den Schulleiter davon abzuhalten, einen Jungen wegen eines Verstoßes gegen die Hausordnung zu versohlen, doch die in einem solchen Versicherungsfalle ausgezahlte Pfundnote trug einiges zur Schmerzlinderung bei.

Ich erinnere mich noch, wie der Tennislehrer an meinem letzten Tag in jener Schule auf mich zukam und mich fragte, warum ich so betrübt sei. Unter Tränen stammelte ich: »Das Geschäft, das Geschäft«. Der Schulabschluß brachte meine erste Begegnung mit der Arbeitslosigkeit.

Ich schlug mich ein paar Jahre durch und war schließlich Bühnenarbeiter in der hochgeachteten English Stage Company am Sloan Square in London. Ich hatte die Vorstellung, ins Theatermanagement einzusteigen. Meine Zwillingsschwester preschte in ihrer Showbusiness-Karriere bereits voran und erschien wöchentlich im britischen Fernsehen. Doch nachdem ich herausgefunden hatte, daß der Theaterinspizient nur vierzig Pfund für seine 70-Stunden-Woche erhielt, verlor sich der Zauber der Masken und der Menschenmassen.

Mit falscher Angabe meines Alters bekam ich eine Stelle als Fernfahrer und verbrachte ein glückliches Jahr mit der Entdeckung der mehr vergessenswürdigeren Teile der Britischen Inseln, zum Beispiel Barnsley und Accrington. Stunden und Meilen zogen sich in die Länge, aber die Bezahlung war gut, und zum ersten Mal in fast zehn Jahren empfand ich ein Gefühl persönlicher Freiheit.

Die swinging Sechziger wurden heiß, und alles war wild auf britische Rock-Gruppen. Auf einer meiner Fahrten stieß ich auf eine Weberei in Lancashire, die eine Art T-Shirt herstellte, wie sie von den Bergarbeitern getragen wurden. Ich kaufte einige und färbte sie im Bad in verschiedenen Tönen ein. Zu meiner Überraschung riß man sie mir gleich in der ersten Boutique aus der Hand. Nun stand ich vor einem Organisationsproblem: Ich konnte zwar Hunderte von T-Shirts pro Tag färben, aber wie sollte ich sie trocknen? Zum Glück war die Nachfrage enorm, und in ihrer Gier nach modischer Eleganz bemerkten meine Kunden nicht, daß die T-Shirts sehr schlaff über den Bügeln hingen und noch etwas feucht waren.

Automatisierung begann. Ich nahm einen Partner ins Geschäft, dessen wichtigste Qualifikation war, daß er den Wagen seines Vaters benützen konnte. Wir mieteten einen Waschsalon und ließen sechsundzwanzig Maschinen gleichzeitig laufen. Wir färbten Tausende von T-Shirts pro Tag und trollten uns abends in einen Pub, um unseren Gewinn zu zählen. Dieses Unternehmen entwickelte sich zu einer eigenständigen Bekleidungsfirma mit der Produktion von T-Shirts, Jeans, verrückten Höschen und allen möglichen wilden und herrlichen Artikeln, auf die kein Hippie verzichten konnte, der etwas auf sich hielt.

Im Alter von zwanzig Jahren verdiente ich umgerechnet über 20 000 Dollar in der Woche. Noch immer hatte mich keiner gefragt, wo der Limpopo fließt, und inzwischen war es mir auch völlig egal, auch wenn dieser blöde Fluß schon versiegt sein sollte! Ich schrieb mich für einen Sieben-Jahres-Kurs an der »University of Burn-out« ein und streifte mit einer Gruppe exotischer Typen durch London, deren Namen aus der Ruhmeshalle aufgesammelt schienen. Meine Chauffeure hießen Billy The Kid und Slick Vic, und um des Nachts sicher nach Hause zu gelangen, stellte ich einen Burschen namens Richard the Minder ein. Darüber hinaus hatte ich eine Figur auf der Gehaltsliste, deren einzige Funktion darin bestand, unseren »duftenden Zirkus« besinnungslos high zu halten. Sein Name paßte zur Aufgabe: Hill the Pill. Im reifen, hohen Alter von achtundzwanzig Jahren war ich erschöpft. Es gab kaum etwas im Spektrum menschlicher Erfahrungen, das ich noch nicht kannte. Ich war buchstäblich überall gewesen, hatte alles mitgemacht – bis zum T-Shirt!

Eines Morgens, als mich ein schrecklicher Kater plagte, beschloß ich, den Sinn des Lebens zu finden. Ich meldete mich für eine Ausbildung zum spiritistischen Medium beim College of Psychic Studies an. Dafür schien ich recht talentiert zu sein, und es dauerte auch nicht lange, bis ich regelmäßig mit den Geistern der Verstorbenen Kontakt aufnahm in der Hoffnung, sie würden meine Fragen nach den Geheimnissen des Lebens beantworten.

Wir saßen in einem verdunkelten Raum im Kreis und öffneten durch Meditation und Innenschau unser drittes Auge. Und tatsächlich: Symbole oder Gestalten tauchten auf. Gewöhnlich erschien irgend jemandes verstorbene Tante Maude oder Onkel Fred, um einen Anwesenden zu beglücken. Es kam darauf an, jegliche Information ganz genau so weiterzugeben, wie man sie erhielt, ohne irgend etwas daran zu beurteilen oder zu bewerten. Da ich keinerlei Kenntnisse über die Einzelheiten aus dem Erdenleben der verschiedenen Geister besaß, war mir dies Beweis genug, daß es sich um eine Kommunikation mit den Verstorbenen handelte. In den meisten Fällen wurde es auch von einem anderen Mitglied des Kreises bestätigt, der Einzelheiten der Mitteilung der Geistenergie als richtig erkannte. Es war üblich, am Ende einer Sitzung den Geist zu fragen, ob er seinen Hinterbliebenen eine Botschaft oder ein Wort der Ermutigung übermitteln wolle. In der Regel antwortete der Geist darauf mit Worten wie diesen: »Ich weiß, daß du eine schwere Zeit gehabt hast, mein Schatz, aber in drei Monaten wird alles gut sein – und vergiß nicht: Gott liebt dich.«

Und schon meldete sich ein verstorbener Onkel Fred zu Wort. Am Ende der Sitzung fragte ich ihn nach einer abschließenden Botschaft, und der Geist sagte so etwas wie: »Ich weiß, das Leben ist schwer, meine Liebe, aber in ein paar Monaten oder so wird alles gut sein – und vergiß nicht: Gott liebt dich.« Nachdem ich etwa ein halbes Jahr lang einen anhaltenden Strom relativ geistloser Geisterbotschaften vermittelt hatte, kam ich zu einer Erkenntnis: Wer zeit seines Lebens so dumm war wie Bohnenstroh, ist auch nach seinem Tode so dumm wie Bohnenstroh.

Die Vorstellung, der Tod mache den Menschen allwissend, war für mich nichts weiter als Quatsch, denn ich hatte für Hunderte von Geistern Verstorbener gesprochen, die ihre liebe Not gehabt hätten, einem den Weg zur nächsten Bushaltestelle zu erklären!

Ich gab meine Tätigkeit als Medium auf und beschloß, in die Welt hinauszugehen auf der Suche nach jemandem, der alle Antworten wußte. Auf meiner Suche reiste ich umgerechnet siebzigmal um den Globus und ging jedem bekannten Phänomen nach, von dem ich erfuhr. Ich verbrachte eine Woche in der Königskammer der Cheopspyramide in Ägypten und führte mit Hilfe von EEG Messungen der Gehirnwellenmuster durch. Ich erforschte Spukerscheinungen und arbeitete an mehreren Fällen von Besessenheit durch Geister. Ich befaßte mich mit außersinnlicher Wahrnehmung, Alchimie, Tarot, veränderten Bewußtseinszuständen, Prophetie, Levitation, Psychokinese, Magie, der Kabbala und allen nur denkbaren außergewöhnlichen und wunderbaren Dingen, die ich finden konnte. Ich übte drei Jahre unter der Anleitung eines Lehrers der östlichen Mystik, der mich Tao lehrte und die Notwendigkeit persönlicher Disziplin, und schloß mich einer Gruppe positiver europäischer Okkultisten an, die mich in die esoterischen Aspekte ihrer uralten Tradition einweihten.

Während all dieser Jahre des Suchens hatte ich sowohl spirituell als auch auf der weltlichen Ebene zu kämpfen. Hätte ich damals gewußt, was ich heute weiß, hätte ich mir viel Schmerz und Leid ersparen können. Es war, als ob mein *inneres Selbst* sich in einem Kampf auf Leben und Tod mit meinem Ego oder meiner Persönlichkeit befand. Je mehr ich versuchte, auf einer höheren Ebene Fuß zu fassen, desto stärker rebellierte mein Ego und weigerte sich einfach, seine dominierende Position aufzugeben. Als ich mich auf meine Suche begab, trennte ich mich von all den Dingen, mit denen ich mich wohl fühlte. Dabei begann ich, den Kontakt zu meinen Freunden und Bekannten zu verlieren, und ich erlebte lange Phasen der Einsamkeit und Angst. Nachdem ich auch meine Fähigkeit verloren hatte, aus den gewohnten Quellen ein Einkommen zu schöpfen, geriet ich des öfteren in Phasen akuter Schwierigkeiten. Aber in jenen Jahren des Durcheinanders und der Frustration hielt ich immer an dem Traum fest, eine höhere Wahrnehmung zu erreichen. Ich wußte, daß ich früher oder später einen Durchbruch erreichen würde.

Ich fuhr fort, endlos zu reisen und zu studieren. Viele der Wissensquellen, die ich kennenlernte, erwiesen sich als Sackgassen, in denen sich auch die Experten nicht zurechtfanden, wenn es um echtes Wissen ging.

Schritt für Schritt lernte ich, die Spreu vom Weizen zu trennen, und während ich an mir selbst arbeitete, begann sich meine eigene Wahrnehmung zu öffnen. Ich entwickelte die Fähigkeit, in tiefe Bewußtseinszustände einzutreten, ohne dabei einzuschlafen. Nach fünfjährigem Training konnte ich die Konzentration auf der Theta-Ebene (d.h. bei einer Hirnstromwellen-Frequenz von 4–6 Hz) fast endlos aufrechterhalten. Schließlich lernte ich, den Theta-Rhythmus mit offenen Augen zu halten. Dazu brauchte ich zwei weitere Jahre des Übens.

Das war der Wendepunkt in meiner Suche, denn nun konnte ich das elektromagnetische Kraftfeld sehen, das den Menschen umgibt. Es ist dem bloßen Auge normalerweise nicht sichtbar, aber es entsteht aus den Gefühlen des Menschen. Es ist nicht die Aura, von der Medien oder die Theosophen sprechen, sondern viel eher eine Art Fingerabdruck der Gefühle einer Person. Lange Stunden saß ich auf Flughäfen und betrachtete die intimsten Details der Passanten. Flughäfen eignen sich für solche Theta-Experimente besonders gut, weil hier die Gefühlsebene der Menschen verstärkt aktiviert ist. Die Angst vor dem Fliegen und der Zeitdruck verursachen eine Intensivierung der Gefühle, die man deshalb deutlicher »lesen« kann.

Diese neuentdeckte Fähigkeit verhalf mir zu einem tiefen Mitgefühl für die Umstände, unter denen Menschen leben. In ihren Gefühlen und Empfindungen spiegeln sich all ihre Kämpfe, Zwänge und Begrenzungen wider. Man kann recht klar sehen, daß die meisten Menschen wie Automaten leben; nach der Pfeife eines anderen bewegen sie sich durchs Leben und wechseln zwischen unterschiedlichen Zuständen von Angst und Unsicherheit. Das berührte mich zutiefst. Zehn Minuten auf irgendeinem Flughafen, und man erkennt, daß die meisten Menschen keine Ahnung haben, was das Leben bedeutet und wie sie selbst ihr Schicksal oder Geschick erschaffen.

Mein Herz verlangte danach, etwas zu tun, um ihnen zu helfen, und gleichzeitig war ich selbst nicht stark genug und hatte nicht den Mut, zu meinen eigenen Überzeugungen zu stehen. Dann – eines Tages geschah etwas, das mein Leben veränderte.

Das Jahr vor diesem Ereignis war ich von vielen seltsamen Phänomenen umgeben. Ich erlebte spontane Hellsichtigkeit; Dinge bewegten sich auf mysteriöse Weise in meinem Haus; ich fühlte die Gegenwart anderer Welten. Am fraglichen Tage ging ich gerade die Kings Road in Chelsea entlang, als eine geheimnisvolle Stimme über meinem linken Ohr erklang und mir vorschlug, in eine Nebenstraße abzubiegen. Ich gehorchte und fand mich vor einer Bibliothek wieder. Die Stimme forderte mich auf einzutreten. Drinnen blieb ich stehen und wurde zu einer bestimmten Regalreihe geführt. Alle Bücher standen senkrecht auf den Brettern – bis auf eines, das quer lag. Ich spürte den Drang, dieses Buch herauszunehmen.

In ihm lag eine Postkarte aus dem Alt-China, die mir bedeutungsvoll erschien, da ich mich schon seit etlichen Jahren mit der Philosophie Chinas beschäftigt hatte. Das Buch selbst handelte von den Prophezeiungen des Nostradamus. Auf der Seite, wo die Postkarte steckte, las ich den Vierzeiler 1–76. Frei übersetzt lautete er: »Es wird ein Mann mit einem *wilden* Namen sein mit der Aufgabe, zur Welt über ihr Geschick zu sprechen, und er wird es gut machen.«

Da stand ich nun in der Bibliothek und war wie vor den Kopf gestoßen. Ich dachte keinen Augenblick daran, daß Nostradamus von meinem Leben gewußt oder daß er über mich geschrieben hatte. Was mich aber aufrüttelte war diese Synchronizität: Ich war am rechten Ort, zur rechten Zeit, um unter *so* dramatischen Umständen eine Botschaft über mein Leben zu erhalten. Von jenem Tage an beschloß ich, soviel wie möglich zu lernen – über die Natur des Bewußtseins und des elektromagnetischen Feldes, das uns Menschen umgibt und so eng verwoben ist mit unserem Schicksal.

Einige Monate nach dieser Begebenheit wanderte ich in die Vereinigten Staaten aus. England hatte seit der Zeit Harold Wilsons – dem Urheber des die britische Politik heute beherrschenden Mottos: »Gleiche Armut für alle« – unter einem allmählichen wirtschaftlichen Niedergang zu leiden. Ich hatte das Interesse am Geldverdienen verloren und hielt die relative Freiheit in den USA für eine willkommene Abwechslung von der Beengtheit in England.

Ich reiste als Tourist über den Chicagoer O'Hare-Flughafen in die Vereinigten Staaten ein. Einige Jahre verhielt ich mich sehr ruhig, um nicht den Leuten von der Einwanderungsbehörde zu begegnen. Aber meine Liebe zum Land und Volk war so stark, daß ich eine Affirmation des Überlebens schuf, und schließlich bekam ich auch meine Einwanderungspapiere in Ordnung.

Mittlerweile war ich in Kalifornien gelandet. Dort schien es Ende der siebziger Jahre nur zwei Möglichkeiten zu geben – entweder man wurde Guru oder Immobilienmakler. Ich entschied mich für letzteres, da ich vom Guru-Geschäft nichts verstand. In Newport Beach gründete ich zusammen mit einem wirklich sehr netten Anwalt namens Savage eine Firma. Wir nannten unser Unternehmen Savage, Wilde & Co., und dieser Name schien sich gut einzuprägen. Wir verdienten fast vom ersten Tage an, ungeachtet der Tatsache, daß weder Savage noch ich die geringste Ahnung vom Immobiliengeschäft hatten. Doch wir lernten es im Laufe der Zeit, und nach neun Monaten verkaufte ich meine Anteile an Mr. Savage.

Mit dem Spargroschen, den ich erhielt, tat ich mich mit einem metaphysischen Verlagsunternehmen in England zusammen und brachte deren Publikationen in die USA. Zu Beginn ging es nur schwierig, und geraume Zeit war das Unternehmen fast am Ende, doch allmählich dehnte es sich aus, und nach drei Jahren warf es schließlich Gewinn ab. Heute ist es eine der bekanntesten metaphysischen Versand-, Werbe- und Verlagsgesellschaften der Welt mit Niederlassungen in sechs Ländern und einem Kundenkreis von weltweit rund zehn Millionen Personen.

Auch während des geschäftlichen Aufstiegs blieb ich meiner Disziplin treu: Jeden Tag eine Theta-Meditation. Ich wachte morgens um vier Uhr auf und versenkte mich danach für etwa eine Stunde. Während der ersten drei Jahre konnte ich Symbole beobachten, die aus meinem Seelen-Inneren auftauchten. Dann folgte eine Phase der Dunkelheit. Ich nutzte diese Zeit, um meine Konzentrationsfähigkeit noch weiter zu steigern, und dann, eines Tages, hatte ich eine spontane Vision des ewigen Lichts.

Die Schönheit dieses Lichts ist so einzigartig, daß es keine Worte gibt, sie zu schildern. Das Licht umfaßt alles Mitgefühl, das man sich vorstellen kann – und mehr – und es kennt absolut kein Urteil, keine Kritik. Es kommt zu uns aus einer unendlichen Wahrnehmung von Zeit und Raum und weckt in uns kein anderes Bestreben oder Verlangen, als zu lernen, uns selbst zu lieben und zu der Erkenntnis zu gelangen, daß auch wir Licht sind, daß auch wir die Fähigkeit besitzen, die gleiche unendliche Vision auszudrücken.

Bald nach meiner ersten Begegnung mit dem Licht entdeckte ich in meinen Trance-Meditationen eine Energie, die ich schließlich den »Türhüter« nannte. Der Türhüter zeigte mir die Vision eines Ortes in den Vereinigten Staaten, der, wie er sagte, eine magische Kraft besitze, die schon zur Zeit vor Christi Geburt bestanden habe. Ich hatte eine ungefähre Vorstellung, wie der Ort sich anfühlte, wußte aber nicht, wo er war. Der Türhüter teilte mir mit, daß ich ihn erkennen würde, wenn ich ihn gefunden hätte. Dabei hülfe mir eine Energie, die er das *Erwachen* (»Quickening«) nannte. Die ganze Sache machte mich fast verrückt! Ich zog los und besuchte Hunderte von in Frage kommenden Orten in den Vereinigten Staaten auf der Suche nach dem richtigen.

Der Türhüter sagte, daß die Macht des *Erwachens* nur einige Jahre zur Verfügung stehen werde und zeigte mir ein Symbol, an dem sie zu erkennen sei. Wenn ich sie gefunden hätte, dürfe ich mit niemandem darüber sprechen – nicht einmal mit Menschen, die mir nahestehen –, bis ein bestimmtes Ereignis in der Welt eingetreten sei.

Ich verstand nicht, was das *Erwachen* war, aber ich blieb zuversichtlich, es zu spüren, wenn ich es gefunden habe. Eines Tages, als ich Freunde im nördlichen New Mexico besuchte, fuhr ich um eine Ecke und erblickte vor mir einen schneebedeckten Berggipfel. Es war wie ein Zauber in dieser Szenerie, aber ich erkannte nicht sofort, daß meine Suche beendet war. Ich fuhr gemächlich über eine Hochebene, zu meiner Linken sank die Sonne über einer tiefen Schlucht. Ich hielt den Wagen an und stieg aus, um das Ende dieses Tages zu beobachten. Während die Sonne langsam hinter einer Berggruppe im Westen unterging, sprach ich ein kurzes taoistisches Gebet, in dem ich Dank sagte für die Schönheit in allen Dingen. Das Zwielicht der Dämmerung kontrastierte eindrucksvoll mit den Wolken, die als leuchtend ockergelbe Streifen die fernen Berggipfel zärtlich umarmten. Ich bewunderte ihre zauberhaften Formen, und während ich so über das Hochplateau blickte, bemerkte ich, daß mehrere Wolken sich zu einem ungewöhnlichen geometrischen Muster zusammenfügten. Schon Minuten später stand in dem Raum zwischen zwei Berggipfeln das Symbol, das mir verheißen war. Hier endlich war das *Erwachen.*

Wenige Wochen später verlegte ich meine ganze Aktivität nach Taos im Bundesstaat New Mexico, kaufte ein Haus und ließ mich hier nieder, während der

»Türhüter« im Laufe von zwei Jahren schrittweise erklärte, was die Energie des *Erwachens* wirklich bedeutete.

Wenn ein Mensch sich nach innen wendet und beginnt, sein irdisches Leben in ein transzendentes zu verwandeln, erreicht er bald eine Ebene des Wohlbefindens, auf der er seine neuentdeckte Kraft benützt, um alle Dinge, die er braucht, zu materialisieren. Von dieser Ebene aus weiter aufzusteigen ist äußerst schwierig, denn für ihn ist es einfacher, dort zu bleiben. Das *Erwachen* ist eine Energie, die es ihm erlaubt, diesen letzten Aufstieg zu bewältigen. Es ist eine innere Energie, die ihm den Mut gibt, die Quintessenz seiner Evolution anzugehen.

Nachts sammelte ich meine Erfahrungen in den inneren Welten und zog Lehrer an, die das Wesen des Bewußtseins und die Bestimmung des Menschen kannten und dic vor allem die Symbolsprache beherrschten und mir die Dinge so vermitteln konnten, daß ich sie verstand. Unterdessen setzte ich meine Reisen kreuz und quer und hin und her auf der physischen Ebene fort und sammelte gründliche Erfahrungen darüber.

Es war nicht lange nach meiner Übersiedlung nach Taos, daß ich in der Meditation einen Tunnel oder eine Röhre entdeckte. Ich glaube, daß dieser Tunnel die physische Ebene mit anderen Dimensionen des Bewußtseins verbindet. Ich brauchte viele Monate, bis ich den Weg in den Tunnel aufwärts entdeckte, aber schließlich hatte ich mich darauf eingestellt und stellte fest, daß ich fast nach Belieben andere Welten betreten konnte. Ich denke, daß dieser Tunnel jenem entspricht, den Menschen beschreiten, die ein Todeserlebnis hatten. Über meine Abenteuer auf der anderen Seite des

Tunnels werden Sie in einem späteren Abschnitt dieses Buches mehr lesen.

Jahre zuvor war ich bei meinen esoterischen Studien auf die Werke des großen schwedischen Mystikers Emanuel Swedenborg gestoßen. Er hatte im Laufe von siebzehn Jahren die Fähigkeit entfaltet, das elektromagnetische Gitter zu durchdringen, das die menschliche Existenz festhält, und andere Welten wahrzunehmen. Engelwelten, Himmel und Hölle schilderte er in blumiger Sprache, doch hinter seiner schwierigen Ausdrucksweise erkannte ich einen Menschen, der die Geheimnisse des Lebens tatsächlich kannte. Nun las ich seine Werke von neuem und versuchte auf meinen nächtlichen Erkundungsreisen, den Wegen zu folgen, die Swedenborg gegangen war.

Manchmal hatte ich Erfolg, manchmal keinen, aber insgesamt fiel es mir verhältnismäßig leicht, und gelegentlich entdeckte ich Bereiche, über die Swedenborg nie gesprochen hatte. Als ich meine Fähigkeiten weiter entfaltete, hatte ich spontane Visionen des »Lichtes«, was mich immer inspirierte. Schließlich konnte ich die Barriere so völlig überwinden, daß ich das Licht nach Belieben sehen konnte. Swedenborgs Aufzeichnungen waren von unschätzbarem Wert für mich. Daß er ein sehr praktischer Mann war, schätze ich an ihm besonders. Er war in seinem Heimatland Minister für Bergbau und schrieb Hunderte wissenschaftlicher Texte über Geologie und Bergbau. Überzogenen Phantastereien erlag er nicht. Ich denke, wenn eine Philosophie erfolgreich sein soll, muß sie sich auch in der praktischen Durchführung bewähren.

Im Laufe der Jahre hatte ich eine alternative Philosophie entwickelt, die ich SWAP nenne (Stuart Wilde's

Alternative Philosophie). Sie beruht auf meinen Erfahrungen im Licht und stützt sich auf mein Wissen über die Welt, in der wir leben.

Im Grunde war das Leben nie als Kampf gedacht. Doch alles ist darauf aus, uns zu beherrschen und zu begrenzen. Das Licht (es ist Wahrheit) ist für uns unsichtbar, und so ersinnen wir Gesetze und Regeln, teils in dem Versuch, Angst zu bewältigen und teils in der Hoffnung, daß wir das Licht durch Zauber in unser Leben locken könnten. Dabei engen wir uns sehr ein, denn das Licht kennt nicht Gebot und Verbot: Seine Wertigkeit ist absolute Vergebung, grenzenloses Mitgefühl, unendliche Geduld und Liebe. Es drückt diese Liebe für uns aus, indem es uns die Freiheit schenkt, so töricht zu sein und so lange, wie wir wollen.

Der Lebenszyklus ist ein Dasein in Begrenztheit und Manipulation, und durch diese Lektionen lernen wir, den Kampf hinter uns zu lassen. Wenn wir einmal die Macht des Lichtes entdecken und dieses nicht endlos verschleiern und trüben, erschaffen wir für uns eine alternative Evolution, die die Emotion aus der physischen Ebene so weit herausnimmt, daß wir unser Schicksal meistern können.

Durch Einsatz dieser Kraft sind wir fähig, Energie aus dem Unendlichen Geist (Universal Mind) zu ziehen, die uns wiederum einen transzendenten Ausblick gibt, den wir für jedes Unterfangen gebrauchen können. Ich glaube, daß von Zeit zu Zeit Menschen wie Thomas Jefferson, Albert Einstein, Francis Bacon und Ayn Rand (der Autor von »Atlas Shrugged«) die Einfachheit dieser Kraft verstanden haben und sie gebrauchten, um ihrem Genie Ausdruck zu verleihen.

Die Metaphysik dieser Macht und dieser inneren

Welten ist die letzte bekannte Grenze für die Menschheit. Wer einmal das wahre Wesen der Wirklichkeit entdeckt hat, kann zu Recht sagen: »Meine Erwartungen sind wahrhaft grenzenlos.«

Der Zweck dieses Buches *»Affirmationen«* ist es nicht, Ihnen schöne Worte zu präsentieren, die Sie zu sich selbst sagen sollen, vielmehr möchte es Ihnen eine Schnellstraße zeigen, auf der Sie den Kampf überwinden. Es will Ihnen helfen, den tieferen Sinn von Bewußtsein und Wirklichkeit zu verstehen, und Sie so in das Licht bringen.

Ich bin ewig, unsterblich, allumfassend und unendlich.

Meine Erwartungen sind wahrhaft grenzenlos.

2

Uralte Weisheiten

Die meisten Organisationen und Strukturen in der Welt, in der Sie leben, zielen darauf ab, Ihre individuelle Macht zu nehmen. Dieses Buch dient Ihnen als ausgezeichneter und erfolgreicher Schlachtplan, mit dessen Hilfe Sie lernen werden, Ihre persönliche Kraft auszuweiten und die absolute Kontrolle über Ihr Leben zurückzugewinnen.

Die politischen, gesellschaftlichen und finanziellen Strukturen, die uns heute vorgesetzt werden, entstanden bereits vor Hunderten, wenn nicht Tausenden von Jahren. Sie sollen das Volk beeinflussen und beherrschen, damit es manipuliert werden kann, das System zu unterstützen. Heute haben Sie einen Punkt in Ihrem Leben erreicht, an dem Sie genügend Mut, innere Kraft und Charisma besitzen, um sich dieser Manipulation zu widersetzen und die Kontrolle zurückzugewinnen.

Sie werden frei, indem Sie die Last des Glaubens anderer abschütteln. Sie müssen auf eigenen Füßen stehen. Das ist der einzige echte, spirituelle Weg für Sie. Alles andere sind nur Stationen auf dem Weg, an denen Sie Zuversicht sammeln, um selbständig weiterzuschreiten. Sie müssen Ihre Kraft zurückgewinnen, und zwar schnell. Dazu müssen Sie »wie ein Gorilla sein, der unbeirrt seines Weges zieht, vor das *System* tritt und liebevoll seinen Knochen zurückverlangt«.

Aber Ihren »Machtdrang« können Sie nicht durch Konfrontation erlangen. Es hat noch nie etwas gebracht, die Stadthalle in die Luft zu jagen. Der Weg des Weisen ist es, Disziplin zu üben, seine Macht zurückzunehmen und dann zu warten, bis sich das System erschöpft – und das wird geschehen. Die Macht-Jongleure der Welt haben ein System erschaffen, das langsam ihrer Kontrolle entgleitet. In einem Versuch, die Welt in Schulden zu versklaven, haben sie soviel Papier als Banknoten gedruckt, daß ihr System nun bald vor dem Auseinanderbrechen steht. Wenn das einmal geschieht, werden sich die Dinge zum Besseren wenden: Der einzelne wird der Gewinner sein, und den intuitiven, liebevollen und fürsorglichen Menschen wird die Erde gehören.

Sie brauchen in der Zwischenzeit nur zu warten und an sich selbst zu arbeiten. Dieses Buch gibt Ihnen einen Arbeitsplan für erhöhte Wahrnehmung, Disziplin, Mut und Entschlossenheit. Auf diesem Weg werden Sie das verantwortungsbewußte, transzendente Wesen erschaffen, das Sie so sehnsuchtsvoll, aus Ihrem Innern ruft.

Fangen wir an.

Es gibt vier Haupt-Typen von Affirmationen: Affirmationen des Wortes, Affirmationen des Denkens, Affirmationen des Fühlens und Affirmationen des Handelns.

Eine Affirmation ist eine Aussage – sei es durch Wort, Gedanke, Gefühl oder Tat –, die ein Glaubensmuster unterstreicht oder bestätigt, das Sie besitzen. Es gibt negative Affirmationen und positive Affirmationen.

Dieses Buch ist für jene, die lernen und üben wollen,

wie man Affirmationen einsetzt, um die Wirklichkeit so zu gestalten, wie sie Ihren positiven Zielsetzungen entspricht.

Bevor wir im Detail über das Wesen und den Gebrauch von Affirmationen sprechen, müssen wir uns kurz mit den uralten Weisheiten und der Manifestation des Universalen Gesetzes befassen. Jene unter Ihnen, die *»Wunder«* und *»Die Kraft ohne Grenze«* bereits gelesen haben, mögen jetzt ein wenig Geduld mit mir haben – doch die Grundprinzipien sind es immer wert, wiederholt zu werden.

Ihre Realität, das heißt die Gegebenheiten um Sie und die Ereignisse in Ihrem Leben, werden von der Energie Ihres *inneren Seins* erschaffen. Dieses *innere Sein* besteht aus verschiedenen Faktoren, unter anderem aus allen Gedanken, Gefühlen und Handlungen, an denen Sie je beteiligt waren. Ihr *inneres Sein* ist stark oder schwach, je nachdem wie Sie sich selbst empfinden und wie Sie das Wesen der Energie und der metaphysischen Wirklichkeit verstehen.

Jeder Gedanke und jedes Gefühl in bezug auf Ihr Leben – seien sie auch noch so schwach – trägt zur Erschaffung der Ereignisse bei, die auf Sie zukommen. Achten Sie darauf: Ich sagte »zukommen«. Auf der physischen Ebene akzeptieren wir die Illusion, daß wir auf Ereignisse zugehen. Wir sprechen davon, was nächste Woche geschehen wird, oder wir denken an ein Geschenk, das in einigen Tagen ankommen wird, und dabei haben wir das Gefühl, die Zukunft liege vor uns und wir bewegten uns auf sie zu. In Wirklichkeit ist die Zukunft auf metaphysische Weise überall um uns herum und »Ereignisse kommen auf uns zu«. Durch die Gesetze der Anziehung und der Entsprechung ziehen

Sie Situationen an, die Ihr *inneres Sein* genau widerspiegeln.

Was auch immer Sie heute über Ihr Leben denken und fühlen, es ist das Gerüst, das die Ereignisse aufbaut, die Sie nächste Woche oder nächsten Monat erleben werden. Zu gegebener Zeit werden Sie manches einfügen, aber die Grundzüge des Geschehens werden bereits erschaffen sein.

Heute ist mein Tag. Ich habe die Kontrolle über alles und jedes, was auf mich zukommt. Ich übernehme vollkommene Verantwortung für mein Leben. Ich bin Kraft. So sei es.

Ihre Gedanken und Gefühle mischen sich mit dem Universalen Gesetz, und dieses Gesetz spiegelt ein genaues Abbild Ihres spirituellen Ichs wider. Wenn Sie wissen wollen, wie es Ihnen geht, stellen Sie sich folgende Frage: »Habe ich jederzeit Schönheit und Fülle um mich?« Lautet die Antwort *ja*, ist Ihr *inneres Sein* schön und sein Strahlen kann gut genutzt werden.

Wenn Ihnen dagegen etwas fehlt oder Sie Negativität in Ihrem Leben fühlen, ist auch Ihr *inneres Sein* in einem Zustand der Entbehrung und verkörpert ein gewisses Maß an Negativität. Dann ist es an der Zeit, daß Sie »die Ärmel hochkrempeln« und anfangen, an der Qualität Ihres Lebens zu arbeiten. Die Affirmation ist eines der Werkzeuge, die Sie dabei gebrauchen werden.

Es gibt keine Situation, die Sie nicht ändern können. Es gibt nichts, das Ihre Fähigkeiten übersteigt. Aber zuerst müssen Sie die vollständige Verantwortung für Ihr Leben annehmen. Jedes Ereignis, ob gut oder schlecht, ist ein Teil dessen, der/die Sie sind. Was geschieht, erschaffen Sie allein – und kein anderer, kein Gott und keine äußere Kraft; Sie und nur Sie allein sind dafür zuständig.

Wenn Sie das einmal unwiderruflich akzeptiert haben, erreichen Sie eine metaphysische Reife, die es Ihnen erlaubt, vollständige Kontrolle über Ihr Leben auszuüben. Sie lernen, daß es keine Zufälle gibt, keine Launen des Schicksals, kein Pech. Es gibt nur Energie: Hohe Energie und weniger hohe Energie. Wenn ein Bus um die Ecke kommt und Ihnen über den Fuß fährt, stößt Ihnen dies zu, weil Sie nicht ausgeglichen sind. Es ist eine Lektion des Universalen Gesetzes.

Wenn – um in dieser Vorstellung zu bleiben – ein Unbekannter auf Sie zukommt und Ihnen zehntausend Dollar anbietet, ist dies ebenfalls ein Resultat der metaphysischen Energie, die Sie sind. Nun sagen Sie vielleicht: »So etwas ist völlig unwahrscheinlich – warum sollte ich daran nur denken?« Aber allein die Tatsache, daß Sie daran *denken*, macht es möglich, daß es eintritt. Vor drei Jahren hatte ich genau diesen Gedanken. Ich war zu einem Dinner zu jemandem eingeladen, dem ich noch nie begegnet war. Als wir darauf warteten, daß serviert werde, sprach ich ein wenig über mein Leben und einige der Projekte, an denen ich arbeitete. Später am Abend zog mich mein Gastgeber beiseite und bot mir zehntausend Dollar an. Ich nahm an.

Sie könnten mit folgender Affirmation beginnen: »Ich bin bereit. Ich glaube an mich selbst und an meine Individualität. Universales Gesetz, gib mir das Notwendige.« Alles, was Sie sich vorstellen können, alles, was Sie wirklich als Teil Ihres Lebens annehmen können, existiert bereits als eine Realität in den inneren Welten. Es mag eine Zeitlang dauern, bis sich das von Ihnen Erwünschte manifestiert; aber wenn Sie es sich vorstellen und wenn Sie es im Geist wirklich berühren, schmecken, fühlen und als bereits gewährt annehmen, wird es ein Teil Ihres Lebens.

Das Universale Gesetz ist unparteiisch. Es wird Ihnen alles geben, woran Sie glauben. Es wird Ihnen Müll oder Rosen bringen – je nach Art der Energie, die Sie einsetzen. Sie sind der Boss, und Sie müssen das akzeptieren, und Sie müssen für sich einstehen. Wenn Sie denken, Gott kommt und wird die Dinge regeln, dann vergessen Sie besser das Ganze. Gott ist gerade weggegangen zum Golfspielen!

Nun, wenn Sie diese Gedanken nicht annehmen können, werfen Sie das Buch weg und verdoppeln Sie Ihre Versicherungspolicen. Denn damit sagen Sie: »Mein Leben ist ein Zufallsspiel, passieren kann alles. Falls ich den heutigen Tag schaffe, ist das pures Glück.« Es mag lustig klingen, aber die Menschen leben wirklich so. Sie schleppen sich von einer Krise zur nächsten, und wenn sie in Schwierigkeiten geraten, fangen sie an zu beten. Meist hilft ihnen das Beten nicht weiter, doch manchmal wenden sich Dinge zum Besseren, und dann sagen sie: »Gott liebt mich, Gott hat mich gerettet.«

Wenn Sie beten, um aus Schwierigkeiten zu kommen, ziehen Sie Energie aus dem emotionalen Gefühl oder Verlangen, Ihre Schwierigkeiten zu überwinden. Sie wissen, was Sie wollen, vermutlich haben Sie eine Vorstellung, wie Sie Ihre Probleme lösen wollen, und Sie denken und visualisieren sich selbst frei. So wirkt das Universale Gesetz – vorausgesetzt Sie glauben.

Aber Gebet ist nicht der effektivste Weg, Energie auf Ihr Ziel zu richten. Wenn Sie zu einer äußeren Macht beten, geben Sie Energie ab. Dadurch bekräftigen Sie, daß Sie keine Kontrolle haben und daß etwas außerhalb Ihrer selbst die Probleme lösen werde. Es ist effektiver, Ihre Energie nach innen zu richten und zu sagen: »Ich habe Kraft. Ich hole aus meinem Inneren die Energie, die ich brauche, um die Herausforderungen zu überwinden.«

Sehen Sie, Gott war immer eine Energie, nicht eine Person. Zu Beginn der jetzt laufenden erdgeschichtlichen Phase – vor etwa siebentausend Jahren –, wandelte eine Gruppe von Eingeweihten oder Weisen über die Erde. Diese Menschen besaßen große Macht. Sie verstanden die Natur der metaphysischen Realität und lehrten dies ihre Stämme und Anhänger. Doch es ist schwierig für den Uneingeweihten, die wahre Natur der inneren Welten zu begreifen. Solange die Weisen lebten, machte dies nichts aus. Die Menschen erlebten die Energie durch die Meister, und sie hatten eine Ahnung von den anderen Welten, obwohl ihre Energie nicht genug entwickelt war, diese selbst zu erkennen.

Als Generationen kamen und gingen, starben die Eingeweihten aus; die Stämme wuchsen und vermehrten sich, und manche begannen wegzuziehen. Dabei verloren oder verwässerten sie das spirituelle Erbe, das von den eingeweihten Weisen, die die Stämme früher geführt hatten, gelehrt worden war. Unfähig, die Energie selbst wahrzunehmen, erschufen die Völker Götter, sie schufen Symbole und Götterbilder. Priesterschaften traten ins Leben, damit Gottesdienst und Ritual in der rechten Weise durchgeführt würden, wie es die Stammesbräuche diktierten. Die Priester gaben vor, den

Willen Gottes zu kennen und vermochten so, die Stämme spirituell zu führen und alles unter Kontrolle zu behalten. Da die Stammesangehörigen glaubten, eine äußere Macht bestimme ihr Schicksal, befolgten sie sorgsam die Riten, Zeremonien und Rituale, um die Götter nicht zu erzürnen. So wurde ihnen Angst eingeflößt. Nachdem sich das Ritual eingebürgert hatte, entstand die Vorstellung von Sünde: Wenn man den Willen der Priester herausforderte oder Stammesgebräuche nicht unterstützte, handelte man gegen den Willen Gottes.

Nachdem die Sünde in die Psyche der Menschen eingeführt war, entwickelte sich die Idee der Schuld. Schuld gibt das Gefühl von Wertlosigkeit, wenn die Liebe zu sich selbst verneint wird. Die Menschen spürten, daß sie immer weniger Macht hatten, ihr Leben selbst zu steuern. Sie wurden schwach. Und je schwächer die Menschen im Metaphysischen wurden, desto mehr Macht gewannen die Priester und Hierarchen. Es war dies keine echte Macht, sondern die Macht des Egos, angefacht durch den Stolz, die einzigen im Stamme zu sein, die mit den Göttern kommunizieren konnten. Schließlich entwickelten sich die Stammesführer und das gemeine Volk metaphysisch so weit auseinander, daß die Priester und herrschenden Familien mit den Göttern identifiziert wurden. So entstand die Vorstellung des göttlichen Menschen oder Sonnenkönigs, der mit soviel Göttlichkeit ausgestattet war, daß er Gott war oder zumindest der Prophet Gottes. Dies geschah nicht, weil die Herrschenden tatsächlich so stark oder metaphysisch wissender, sondern weil die anderen zutiefst schwach geworden waren.

Diese Schwäche durchzieht auch heute unsere Gesellschaft. Ritual, Sünde, Angst und Schuld werden immer noch benützt, um das Volk zu beeinflussen. Diese Kontrolle ist dürftig getarnt, aber sie ist da, nicht nur in einigen Weltreligionen, sondern auch in den verschiedenen Sekten und Splittergruppen, die heute florieren. Im allgemeinen hat jede Gruppe einen Herrscher oder Anführer. Er wird von seinen Leuten mit göttlichen oder halbgöttlichen Qualitäten bedacht. In diesen Gruppen gibt es Gesetze, Vorschriften und Rituale, die befolgt werden müssen. Manche Sekten und Religionen haben ihre eigene spezielle Terminologie oder Sprache. Jede ist darauf bedacht, neue Mitglieder für den Verein zu werben, zu beeinflussen und sie dann mit Hilfe von Schuldgefühlen, Angst und Verpflichtungsdruck zu halten.

In der Schule lernte ich Latein und befaßte mich mit der Geschichte Italiens seit der Zeit Christi. Nach sieben Jahren war ich theoretisch von den Gepflogenheiten dieses Volksstammes geprägt. Ich konnte die dort üblichen Rituale in verschiedenen Sprachen auswendig rezitieren. Ich kannte die korrekte Kleidung, die an den verschiedenen Festtagen getragen wurde. Ich kannte den Willen Gottes genau, und ich wußte, was er von mir verlangte. Natürlich wußte ich das. Der »Hohepriester« hatte mich in sein Allerheiligstes gerufen und mir genau mitgeteilt, was Gott von mir wollte. Ich nahm alles sehr ernst, denn ich glaubte, so sei es in Wirklichkeit.

Gott schien von mir zu wollen, daß ich in die Welt hinausging und andere fand, die sich anschließen und Teil des Rituals werden sollten. Gott wünschte eine gute jährliche Wachstumsrate seiner Mitgliederzahl, und er würde nicht ruhen, bis jeder, aber auch jeder auf der Welt sich dieser Gemeinschaft angeschlossen hätte, ob diese es nun wollten oder nicht!

Nun, fleißig wie ich war – und jung – übernahm ich die Aufgabe, die der Hohepriester mir zugeteilt hatte. London ist gewiß ein guter Ausgangspunkt, dachte ich mir. Acht Millionen Menschen ergäben eine Menge Vereinsmitglieder. Die ersten paar Leute, die ich dort ansprach, gebrauchten Wörter, mit denen ich nicht zu vertraut war, aber ich verstand aus dem Ton ihrer Stimme, daß sie nicht sehr interessiert daran waren, sich meiner Mission anzuschließen.

Unerschrocken drängte ich weiter. Eines Tages, um die Mittagszeit, wurde ich durstig, und ich ging in eine Kneipe. Ich wußte, daß dieser Pub eine Lasterhöhle war, aber irgendwie fühlte ich, daß Kontakt mit den Menschen wichtig war. Ich mußte herausfinden, was die Bevölkerung bewegte, damit ich sie für den Ruf des Hohenpriesters gewinnen konnte.

In der Bar lernte ich eine junge Frau aus Irland kennen. Sie war frisch und unverdorben, und sie sprach mit einem singenden Rhythmus, der mich an die Zeit erinnerte, in der meine Mutter mir als Kind vorsang. Ich erklärte dem Mädchen meine Mission und fragte sie, ob sie sich dem Verein anschließen und dessen Gebräuche annehmen würde. Ich erzählte ihr von meinen sieben Jahren in der Institution mit den Priestern, und ich beeindruckte sie mit meinem Wissen über die Geschichte Italiens.

Sie war zwei Jahre zuvor von Cork nach London gekommen, um hier Arbeit zu finden und von ihrer Familie fortzukommen. Ihr Vater schien ein Ungeheuer zu sein. Er trank, und sie bekam, als jüngstes von sieben Kindern, die Hauptlast seiner Wut zu spüren.

Als wir dort saßen und zusammen ein Bier tranken, hörte sie aufmerksam meine Geschichte an, lächelnd und mich ermutigend. Von Zeit zu Zeit ergriff sie meine Hand. Einmal ertappte ich sie dabei, wie sie mich mit einem Blick anschaute, von denen ich bisher nur in Büchern gelesen hatte. Um zwei Uhr nachmittags schloß die Bar, und wir gingen zusammen weg. In einem alten, sehr mitgenommenen Wagen fuhren wir aufs Land hinaus und stiegen auf einen Hügel, der einst den Druiden heilig war.

Als wir im Gras saßen und über das farbige Muster der englischen Landschaft blickten, begann ich mich zu fragen, ob sie wirklich zustimmen würde, sich meinem Verein anzuschließen, denn sie sprach über alles – nur nicht *darüber*. Doch ich war bezaubert von ihrem Charme, und irgendwie schienen die Instruktionen des Hohenpriesters sehr weit entfernt.

Das Mädchen begann ein Lied in ihrer Muttersprache zu singen. Es war wunderschön und rührte mich sehr, und als es zu Ende war, fragte ich, was es bedeutete. Es war das Lied eines Vogels im Käfig. Der Vogel wurde gut versorgt und von seinem Herrn geliebt, und doch war er unglücklich, denn er hatte zwar alles, was er so brauchte, aber er war nicht frei. Er sehnte sich nach der Unsicherheit eines freien Lebens.

Wir saßen eine Weile schweigend da, und dann stellte mir das Mädchen eine Frage, die mein Leben veränderte. Sie wollte wissen, ob ich wirklich frei sei. »Natürlich«, verteidigte ich mich, »ich bin ein freier Mensch«. Aber tief im Innern wußte ich, daß ich nicht frei war, denn anstatt dem Impuls des Augenblicks, die Schönheit des Mädchens, das Geheimnis des Druiden-Hügels zu genießen, machte ich mir Sorgen, weil ich nicht den Anweisungen des Hohenpriesters folgte. Ich fürchtete, daß die Offenheit, die Wärme des sanften Wesens des Mädchens mich auf einen Weg führen könnte, so schlecht, wie man ihn sich im Verein nur vorstellte.

Kurz vor Sonnenuntergang begann es zu regnen. Da wir uns recht weit vom Wagen entfernt hatten, suchten wir Schutz in einem dichten Gehölz. Wir gingen eine Weile und kamen zu einer Brücke, die zu dem Hof einer alten Schloßruine führte. Wenig war übrig von dem ursprünglichen Bauwerk, ausgenommen ein kleines Torhaus, das einst von den Bewohnern benutzt worden war, um die Zugbrücke auf- und abzuziehen. Durch eine alte Tür traten wir ein, kletterten eine steinerne Treppe hinauf und fanden uns in einem kleinen Raum oberhalb der ehemaligen Zugbrücke.

Dieser Ort überwältigte mich. Ich konnte die Höflinge und Damen beinahe reden und lachen hören, wie sie durch das Schloß schlenderten. Die Zeit stand still. Ich war nervös und fühlte mich befangen, und doch war nicht alles verloren. Das Mädchen nahm mich an der Hand und küßte mich, und Schritt für Schritt, so schnell wie mein Mut es zuließ, wies sie mir den Weg, den alle Liebenden gehen: Hinweg über Hemmung, Unsicherheit, bis zur Tür, die in die Kammer meines Mädchens führte.

Von dem Hohenpriester hörte ich nie wieder, und ich bin sicher, daß man mich vom Verein ausgeschlossen hat. Aber ich hatte Freiheit kennengelernt. Ich hatte dazu nur ein paar Tage gebraucht. Bei manchen ist ein ganzes Leben notwendig.

Ich wollte Ihnen diese Geschichte erzählen, weil wir

alle unter der Kontrolle leiden, die andere über uns ausüben. Die Dinge, an die Sie glauben, sind das Gepäck, das Sie Zeit Ihres Lebens mit sich tragen. Der wahre Weise glaubt an nichts, außer an die Heiligkeit aller Dinge. Er lebt in der Spontaneität der Energie. Er verteidigt nichts, noch verurteilt er etwas. Seine Welt ist ewig und unendlich, er sieht Schönheit in allen Dingen, und er akzeptiert die Wege des Menschen, auch ihre Begrenztheit und ihre Kämpfe. Er weiß, daß es ohne Beschränkung keine Herausforderung gäbe.

Wenn Sie nicht aufpassen, kann Glauben Sie erstikken. Lassen Sie mich erklären. Die Menschen der Welt leben innerhalb eines Zaunes oder »Kreises«. Dieser Kreis ist ein elektromagnetisches Kraftfeld, erschaffen durch Schwingungen der Neutronen in den Gehirnzellen. Das Kraftfeld beherrscht und formt jedermanns Wahrnehmung des Lebens sowie seines psychischen Zustands. Dieses Energiefeld hindert den Menschen, die Gotteskraft in allen Dingen wahrzunehmen. Er sieht lediglich die physische Realität, und an diese glaubt er. Darüber hinaus fühlt er sich von der Gotteskraft getrennt, und dies raubt ihm seine Kraft.

Weil die Menschen im Kreis keine Ahnung von der Wahrheit hinter der Realität haben, ersannen sie im Laufe der Jahrhunderte kindische Interpretationen, um sich die Dinge zu erklären. Viele Weltreligionen wurden zu einer Zeit begründet, als die Menschen einfach dumm waren! Denken Sie nur einmal an einen jener religiösen Fanatiker, wie wir sie im Nahen Osten finden – Leute, die in Flughäfen Menschen in die Luft jagen! Stellen Sie sich einen solchen Fanatiker von heute vor: Wenn er nun nicht über das heutige technische Wissen verfügte und weder lesen noch schreiben könnte. Setzen Sie ihn dann zweitausend Jahre zurück, nehmen Sie ihm die Errungenschaften der Entwicklung, die die Welt in der Zwischenzeit hinter sich brachte, dann erhalten Sie einen nach heutigen Begriffen kompletten Dummkopf. Das ist die intellektuelle und spirituelle Stufe der Menschen, die viele der alten Philosophien entwickelt haben. Ihre Wahrnehmungen waren höchst beschränkt, und ihre Wahrnehmung der Wirklichkeit jenseits des Kreises war fanatisch, stammestypisch und begrenzt durch einen Mangel an Einblick.

Ich bin wahrlich ein Teil von allem. Die Gotteskraft fließt durch mich. Ich fühle mich sicher.

Einige jener Wüsten-Philosophen herrschen heute. Sie schaffen ein weiteres Gefängnis für den Menschen, indem sie eine Status-quo-Moral einsetzen, die ihn in ein System bizarrer Glaubenssätze bindet, die er irrigerweise für real hält. Die Kraft, die gebraucht wird, um den Kreis zu durchbrechen und dem Gefängnis aus einengenden Glaubensüberzeugungen zu entfliehen, ist so groß, daß nur wenige es je versuchten, und noch weniger von ihnen mit Erfolg. Einzelne Menschen mögen vom Mittelpunkt des Kreises, aus der größten Enge, zu einer Position gelangen, die dem äußeren Rand näher ist, dadurch gewinnen sie etwas Freiheit. Gewöhnlich jedoch fallen sie in die gleichen alten Gewohnheitsmuster zurück, tauschen eine kraftentziehende Philosophie gegen eine andere aus – oder sie haben überhaupt keine Philosophie.

Aus diesem Grunde sage ich mit Gewißheit, daß Glaubenssysteme die Menschen ersticken, denn nur wenig von dem, was sie glauben, stellt echte spirituelle

Realität dar – es ist lediglich eine vereinfachte Darstellung jener Realität. Sehr wenige Anschauungen der Kreis-Bewohner haben einen echten Ursprung. Gewöhnlich sind die Menschen gefangen in einem Konglomerat verschiedenartiger Fragmente aus dem Gedankenfundus des Kreises, den sie im Laufe der Jahre ansammeln. Dann, weil sie dem Geglaubten über lange Zeiten hinweg anhängen, verknöchert und verhärtet sich ihr Denkstandard, und sie beginnen, an ihm festzuhalten, als hinge ihr Leben davon ab. Und so sind sie für immer eingesperrt.

Ich glaube, daß das *innere Ich* oder Höhere Selbst die Beschränkung im Kreise vorausgesehen hat, und daß Sie sie deshalb ebenso liebevoll akzeptierten wie alle anderen Umstände Ihres Lebens. Ich glaube, das Höhere Selbst ist so mächtig, daß es die Fähigkeit besitzt, die Art seines Lebens im Physischen auszuwählen. Das Leben auf der Erde ist so heroisch und ein so wichtiger Entwicklungsschritt, daß Sie nicht zufällig hierher gekommen sind. Die uralte Vorstellung, daß Gott uns hier abgeladen hat und sagte »kämpft Euch durch«, ist kindisch.

Wenn zwei Menschen in einer sexuellen Beziehung zusammenfinden, geben sie eine Energie ab, die vom Höheren Selbst gelesen wird. Es wählt das genetische Muster für das Baby, in das es geboren werden soll, und akzeptiert jegliche Stärken und Schwächen, die in dem kleinen Körper zu finden sind. Wenn Sie also mit einem längeren und einem kürzeren Bein auf die Welt kamen, hatte Ihr Höheres Selbst dies gesehen und gesagt: »Gut, ich werde es annehmen. Selbst wenn ich zeitlebens nicht gerade gehen kann, soll es mir recht sein. Laßt mich dort runter, ich brauche das.«

Das Höhere Selbst kann auch das Geschlecht auswählen und entscheidet sich in der Regel für das, welches ihm die größtmöglichen Entwicklungschancen auf der Erde geben wird. Wenn Sie also eine Frau sind, so kam es dazu, weil Sie die Aufgabe »Mann« vermutlich im Schlafe beherrschen. Sie wählten das Frausein, weil es Ihnen nicht ganz so leicht von der Hand geht. Wenn Sie ein Mann sind, haben Sie die mißliche Aufgabe gewählt, Stärke zu leben, ohne andere zu verletzen, und innerhalb dieser Stärke müssen Sie die subtile Spiritualität der Sanftheit entfalten.

Bevor sich das Höhere Selbst auf der Erde inkarniert, kennt es die künftigen Eltern sowie die Denkmuster, die diese umgeben. Es wirft einen Blick auf den Vater und stellt fest, daß er ein Mordskerl ist. »Perfekt«, sagt es sich, »dieser Dummkopf bietet mir den Inbegriff von Männlichkeit, den zu überwinden, brauche ich zwanzig Jahre.« Dann sieht es die Mutter mit ihrem liebevollen Herzen, doch das höhere Selbst erkennt, daß sie eine Traumtänzerin ist. »Herrlich«, denkt es sich, »sie steht nicht fest auf beiden Beinen, das hinter mich zu bringen, erfordert nochmals zwanzig Jahre.«

Dann betrachtet das Höhere Selbst alles, woran diese beiden guten Menschen glauben. Zuerst schreckt es zurück, denn es kann sehen, was die beiden glauben, ist völlig schwachsinnig. Doch dann lächelt es, denn es erkennt, daß es mindestens weitere zwanzig Jahre brauchen wird, auch dieses zu überwinden. »Perfekt«, sagt es sich, »zwanzig Jahre für den Vater, zwanzig Jahre für die Mutter und zwanzig Jahre, um das hinter mich zu bringen, was die beiden Dummerchen glauben – das ergibt sechzig Jahre. Am Ende habe ich noch zehn Jährchen für mich. Wird gebucht.«

So sind Sie angekommen. Sie wußten, es würde die großartigste Phase in der Geschichte der Menschheit sein, und sie konnten voraussehen, daß Sie – zumindest für einige Zeit – von anderen kontrolliert und dominiert würden. Sie konnten die Beschränkungen innerhalb des Kreises sehen und Sie wußten, daß solche Einschränkungen Ihnen helfen würden. Denn aus Begrenzung erwächst schließlich Freiheit. Doch befassen wir uns nun mit der Natur des Kreises, um herauszufinden, auf welchen Spaß Sie sich eingelassen haben.

Der Kreis wird beherrscht und kontrolliert von weltweit etwa zweitausend Familien. Die Familien sind so sehr ein Teil des Kreises wie die übrige Bevölkerung. Sogar noch mehr, denn die Familien haben ein begründetes Interesse an der Beherrschung der Menschheit, und dies hält sie auch emotional innerhalb des Kreises gefangen. Diesen mächtigen Familien sind etwa zwanzigtausend weitere Familien und lose Vereinigungen untergeordnet, die diese Anführer unterstützen oder vertreten. Zweitausend Familien kamen vor Jahrhunderten durch Gewalt an die Macht, und sie halten diese Macht bis heute aufrecht.

Verstehen Sie mich nicht falsch – diese Familien und diese Verbindungen gehören nicht zu den »Erleuchteten«, noch sind sie notwendigerweise übel, sie sind vielmehr engverknüpfte, gesellschaftliche Gruppen, deren einziger Zweck ist, Kontrolle aufrechtzuhalten. In Westeuropa und in Nordamerika herrschen sie in einer Form hochentwickelter Manipulation, mit der sie jeden Aspekt des einzelnen kontrollieren.

Sie drucken das Papiergeld und diktieren, wieviel jeder davon haben kann. Sie setzen Preise fest und

Stundenlöhne, gerade ein klein wenig oberhalb der – wie ich es nenne – Revolutionsgrenze, bei deren Unterschreitung die Menschen auf die Straße gehen und genau diejenigen Strukturen kurz und klein schlagen würden, die die Familien aufrechterhalten wollen. Es spielt keine Rolle, ob Sie ein Handwerker oder leitender Angestellter in einem großen Unternehmen sind, mit dem Geld, was Ihnen bleibt, kommen Sie gerade eben über die Runden. Denn das System will Ihnen keinen Überfluß erlauben. Wann hatten Sie zuletzt ein paar Tausender überflüssig herumliegen?

Die Familien kontrollieren die Banksysteme der Welt, und sie gebrauchen die Regierungen, die sie im Grunde finanzieren und unterstützen, um Gesetze durchzubringen, die jeden Aspekt des Geldmarktes zu ihrem Vorteil regeln. Die Verfassung der Vereinigten Staaten verbietet im Grunde die Einrichtung einer Zentralbank. Die weisen Gründerväter wollten offenbar verhindern, daß jemand die Geldsituation manipulieren könnte. Die Familien überwanden dieses Hindernis, indem sie das Federal Reserve System einführten, das natürlich eine Zentralbank ist, wenn auch nicht dem Namen nach. Das System druckt Banknoten und kontrolliert ihren Umlauf, und es setzt den Preis fest, zu dem ein Amerikaner dieses Geld leihen kann. Dadurch wird praktisch jeder Aspekt seines Lebens reguliert. Das Federal Reserve System ist so ausgelegt, daß es weder der Regierung noch dem Volk Rechenschaft schuldig ist, und so genießt es eine Monopolstellung in der mächtigsten Handelsnation der Welt. Und aufgrund der immensen Macht der Vereinigten Staaten beeinflußt das System die Finanzmärkte der ganzen Welt. Wäre es nicht schön, wenn Sie daran teilhaben könnten? Aber das können Sie leider nicht, und das wird sich auch nicht ändern.

Die Familien und ihre Mittelsleute halten eine Monopolstellung im Welthandel und Verkehr, und sie kontrollieren aufmerksam die Bewegung von Rohstoffen, die für das menschliche Leben wichtig sind. Als Besitzer der meisten Rohstoff-Ressourcen haben sie schon früher willkürlich Versorgungspässe im Bereich lebenswichtiger Waren geschaffen, um die Märkte entsprechend zu dirigieren.

Auch im Bildungswesen dominieren sie. Vor Jahrhunderten hatte in Europa die Kirche ein Monopol im Bereich der Information und Bildung, an dem sie mit Hilfe verschiedener Institutionen und Organisationen – etwa der Jesuiten – eisern festhielt. Nur Priester, Geistlichen und Angehörigen der Oberklasse war Bildung gestattet. Das gemeine Volk wurde bewußt in Unwissenheit gehalten, so daß es unfähig bliebe, selbst die Macht anzustreben.

Darüber hinaus werden die Medien dazu benutzt, die Menschen mit dem »nationalen Denkstandard« zu bombadieren, der zu allem ihre Einstellung prägt: Von Krieg, Sex, Ehe und Steuern bis hin zur individuellen Beziehung zu Gott und Nation. Weil die Journalisten und Herausgeber im gleichen Bildungssystem aufgewachsen sind und die gleichen Glaubenssätze absorbiert haben, ändern sie nicht viel. Wir müssen also Geduld haben. Die Dinge werden sich wandeln, aber es braucht Zeit. Die Folge ist, daß der gewöhnliche Mensch glaubt, den Status quo unterstützen und für das Privileg, am Leben zu sein, bezahlen zu müssen. Das ist ein wichtiger Aspekt der Manipulation, denn die meisten Rechnungen der Familien werden an das Volk weitergereicht, dem unter Strafe und per Gesetz verboten ist, seine finanzielle Unterstützung zu verweigern – versuchen Sie einmal, keine Steuern zu zahlen!

Bei den Kriegen, die die Familien untereinander austragen, dient der kleine Bürger als Kanonenfutter. Er hat keine Macht über die Dinge und wird auch nicht nach seiner Meinung gefragt. Oder wurden Sie schon einmal gefragt, ob Sie mit Ihren Steuergeldern weitere Bomben finanzieren möchten? Diese Situation ist seit fünftausend Jahren die gleiche – und das ist ok; es ist ein Teil unserer Evolution. Als Angehörige des Kreises haben wir alle unsere Kindheit durchlebt. In diesen prägenden Jahren wurden wir zur Konformität erzogen, und als wir erkannten, daß man uns unsere persönliche Macht geraubt hat, war es meist zu spät. Wir finden es leichter, uns zu fügen, als gegen die Macht überkommener Überzeugungen anzukämpfen. Als Kreis-Menschen leben wir dahin und befolgen Befehle, als wären wir Roboter. Wir bezahlen für die Regierungen, die Gesetze erlassen, um unsere Handlungsfreiheit einzuschränken. Wir erhalten und bezahlen Gerichtshöfe und Sicherheitskräfte als ausführende Organe und Stützpfeiler jener Gesetze. Wir arbeiten schwer für lächerlichen Lohn, um das ganze System zu erhalten, und dann wird uns noch ein beträchtlicher Teil dessen, was wir bekommen, als Steuern abgezogen. In den Vereinigten Staaten bezahlt der durchschnittliche kleine Geschäftsmann, der ein Haus besitzt, in dem er seinem Gewerbe nachgeht, ein Dutzend verschiedener Steuern. Darüber hinaus muß er dafür bezahlen, daß diese und andere Steuern für die Regierung eingetrieben werden, ohne daß ihm sein Arbeitseinsatz oder seine Auslagen erstattet werden. Die Sklaverei-Gesetze des letzten Jahrhunderts sollten sicherstellen, daß die Bürger davor geschützt sind, ohne Bezahlung arbeiten zu müssen. Dafür sollte die Regierung Sorge tragen. Doch mit dem, was uns heute nach Abzug der Steuern übrig bleibt, sollen wir unsere Familien unterhalten und ernähren und versuchen, ihnen eine akzeptable Zukunft zu sichern. Und wer unterstützt uns? Keiner.

In Amerika sollte es nie so sein. Thomas Jefferson war ein Metaphysiker. Er und die anderen Gründerväter formulierten die Verfassung der Vereinigten Staaten nach spirituellen Grundsätzen. Jene guten Männer würden sich im Grab herumdrehen, könnten sie sehen, wie das Volk heutzutage behandelt wird. Und weil die Vereinigten Staaten sich von den freiheitsliebenden Gedanken so weit entfernt hatten, die der Ausgangspunkt für ihre Gründung waren, verlieren sie allmählich an Einfluß. Ihr Anteil am Weltmarkt wird kleiner und ihr Vermögen, in der Welt für Güte und Liebe einzutreten, schwindet von Stunde zu Stunde. Das gleiche gilt für England. Nach der Amtszeit von Harold Wilson, einem der großen Manipulateure in der modernen Geschichte, begann das Land zu sterben. Heute können wir beobachten, wie die traditionellen Institutionen verzweifelt versuchen, sich an die letzten Reste ihrer einstigen Macht zu klammern. Inzwischen sind Millionen Briten arbeitslos.

Wenn Sie einmal erkannt haben, was geschieht, und daß Sie leider nie jemand unterstützen wird, und daß alles nur darauf abzielt, Ihnen Ihre persönliche Macht zu nehmen, dann können Sie daran gehen, Ihre Macht zurückzuerlangen. Sie werden dabei viel Spaß haben. Aber passen Sie gut auf: Sobald Sie beginnen, sich auf Ihre persönliche Macht zu besinnen, wird man Ihnen beibringen, daß dies falsch sei. Fallen Sie nicht darauf herein. Das System hat seine subtilen Tricks und macht den Menschen weis, »das Ganze« sei mehr als die individuellen Teile. Doch woraus besteht ein Land? Sind es seine geographischen Grenzen, seine Institutionen, die Grundbesitzer oder die Fußball-Nationalmannschaft? Nein, es sind die Millionen wunderbarer, individueller Menschen, die seine Bevölkerung ausmachen. Nichts anderes.

Machtlos zum Protestieren folgt der einzelne, bis die Manipulation so allgemeingültig ist, daß er sie für natürlich hält. Tatsächlich kann er sich etwas anderes gar nicht vorstellen. Sie sind darauf hereingefallen, ich fiel darauf herein, wir alle sind es. Und das ist gut so. Sie können automatenhaftes Vegetieren nicht hinter sich lassen, bevor Sie es nicht erlebt haben. In den weniger demokratischen Gesellschaften – mehr als achtzig Prozent der Weltbevölkerung – ist die Manipulation weniger subtil, denn die Herrscher jener Gesellschaften sind gröber. Ihre Methoden, brutale Gewalt und Folter, scheinen schlimmer zu sein, aber das, was in den angeblich demokratischen Gesellschaften geschieht, ist nicht weniger ungerecht.

In dieser wunderbaren Welt, die Gott uns gab, auf daß wir in ihr etwas über uns selbst lernen, gibt es unglaubliche Fülle. Es gibt genügend Reichtum, so daß – bei gleichmäßiger Verteilung – jeder Mann, jede Frau, jedes Kind auf diesem Planeten ein Multimillionär sein könnte. Trotzdem gibt es Hungersnot und Mangel. Warum? Das System sorgt nur für sich, nicht für das Volk. Die Machthaber halten an ihren Interessen fest, während die Bevölkerung sich selbst überlassen bleibt. Diese tun zwar ihr Möglichstes, um einander zu helfen, indem sie Säcke voll Reis usw. verschicken, aber so wird das Problem nie gelöst.

Es scheint fast unmöglich, daß die Dinge am Rande eines Zusammenbruchs stehen, aber es ist wirklich so. Sie selbst brauchen nur behutsam und liebevoll Ihre persönliche Kraft zurückzuholen und auf den Tag zu warten, an dem die intuitiven Menschen, die Liebe und Mitgefühl im Herzen tragen und wahrhaft spirituell sind, die Erde in Besitz nehmen.

Aber um Ihre Macht zurückzunehmen, müssen Sie sich fest auf die Füße stellen. Sie müssen Gott als Energiequelle erkennen. Indem Sie sich auf die Göttlichkeit in Ihrem Innern konzentrieren und sich selbst als vollkommen akzeptieren (auch wenn Sie es nicht sind), werden Sie allmählich selbst mehr und mehr göttliche, innere Energie. Diese Energie ist außerhalb des Kreises, und so wird Ihr Einflußbereich schließlich so groß, daß Sie jeden Aspekt Ihres Lebens kontrollieren.

Das ist der erste Schritt, denn wenn Sie sich als getrennt von Gott oder der Gotteskraft sehen, gleiten Sie zurück in die Gewohnheiten des Gruppenlebens. Sie sagen dann: »Ich bin nichts wert, das Leben liegt nicht in meiner Hand, sollen es die Hierarchien, die Priester oder eine andere äußere Macht kontrollieren.« Und das Universale Gesetz spricht, unparteiisch wie es ist, darauf an, indem es für Sie eine Realität erschafft, die verkrampft und voller Ungewißheit ist. Dann wedelt der Schwanz mit dem Hund, und das Leben führt Sie, nicht umgekehrt.

Mit dieser Einstellung sind Affirmationen nichts weiter als Gemurmel – heruntergeleierte Gebete an einen Nilpferd-Gott. Aber wenn Sie wirklich glauben, daß Sie ein Teil der Gotteskraft sind, wenn Sie Ihr Leben und das Leben anderer unparteiisch betrachten können, wenn Sie jedermann seine oder ihre eigene Realität lassen können, ohne sie zu beurteilen, dann wird Ihre Energie mehr und mehr unendlich. Dabei treten Sie in eine andere Dimension der Kraft ein, außerhalb des Kreises, und Sie lernen, daß Sie die Realität verändern können, wie Sie es wünschen. Sie werden sehen, daß Sie, sobald Sie Erfolge erkennen, spirituell hundertfach wachsen.

Das Universum ist reiche Fülle. Deshalb empfinde ich reiche Erfüllung als natürlich. Alle meine Bedürfnisse sind erfüllt.

Bei Ihrer Geburt begann Ihr Unterbewußtsein damit, jedes Gefühl, jeden Gedanken, jedes Wort, das Sie sprachen oder das zu Ihnen gesprochen wurde, aufzuzeichnen. Sie akzeptierten, was Ihre Eltern oder die Lehrer sagten. Die Menschen, die Sie unterrichteten, liebten Sie vermutlich und gaben ihr Bestes. Aber sie hatten Schwächen und Negativität in sich, und diese vermittelten sie an Sie. Sie lehrten Sie das Gruppenleben, aber auch die Begrenzungen des Kreises. Sie lehrten Angst und Sünde. Durch ihre Schwäche lebten sie Ihnen vor, daß auch Sie Ihr Leben nicht in die Hand nehmen könnten. Und so wurde Kontrolle Ihr Kampf, nicht weil Sie nicht fähig waren, sondern weil Ihre Ur-Urgroßmutter sich schwach und wertlos fühlte. Das vermittelte sie ihrer Familie, schließlich lernten es Ihre Eltern und gaben es an Sie weiter.

Als Kind lehrte mich meine Mutter Kinderreime. Einer, den ich sehr mochte, war »ring-a-ring of roses«.

Er war lustig, und wir hatten immer Spaß daran, beim Aufsagen der letzten Zeile zu Boden zu fallen. Mein Unterbewußtsein akzeptierte jenen Kinderreim als gut. Ich sagte ihn gern auf, weil es meine Mutter froh machte. Aber betrachten wir ihn näher:

Ring-a-ring of roses,	(Ring, ein Ring wie Rosen,
A pocket full of posies,	Ein Sträußchen in der Tasche,
Atishoo, atishoo,	Hatschi, Hatschi,
We all fall down.	Alle fallen wir um.)

Dieser alte englische Kinderreim entstand in der Zeit der großen Pest. Der »Ring wie Rosen« war eine Bezeichnung für die Hautmale, die unter der Achsel jener Menschen erschienen, die von der Seuche angesteckt waren. Die Leute glaubten, daß die Krankheit in der schlechten Luft der Städte verbreitet würde, und so trugen sie ein Sträußchen süß duftender Blumen (»posies«) bei sich, um sich vor Ansteckung zu schützen. »Hatschi, Hatschi« war das Zeichen, daß das Fieber von seinem Opfer Besitz ergriffen hat. Und »allc fallen wir um« bedeutet natürlich, daß keiner überlebte.

Fröhliche Reime! Ich lernte sie im zarten Alter von etwa drei Jahren. Sie vermutlich ebenfalls. Und wir alle tanzten zu den Freuden der Pest und dem Spaß an einem grausamen Tod. Wir wußten es nicht besser, und die Menschen, die uns das Verslein beibrachten und uns liebten, wußten es auch nicht besser. Unser Unterbewußtsein nimmt »Hatschi, Hatschi, alle fallen wir um« als real. Nun, es ist heute unwahrscheinlich, daß Sie die Beulenpest bekommen. Aber jedesmal, wenn Sie niesen, kommt das »Fallen wir um, fallen wir um« ein wenig hervor, und Ihre Energie wird geschwächt. Sie hat keine andere Wahl. Denn das glaubt Ihr Unterbewußtsein und hält es für real – es sei denn, Sie bringen ihm etwas anderes bei.

Sie bestehen aus Milliarden und Milliarden von Glaubensüberzeugungen. Ansichten über Ihren Körper, über Ihren intellektuellen Wert, über Ihre Attraktivität. Glaubensüberzeugungen über Gott, Sünde, das Leben nach dem Tode, Moral, über den Stamm oder die Gesellschaft, in der Sie leben, über Ihre Familie und das, was man tun oder nicht tun sollte und so weiter.

Alle diese Überzeugungen haben irgendwo ihren Ursprung. Oder Sie entwickelten sie selbst, als Sie entdeckten, was andere glauben. Und eines nach dem anderen übernahmen Sie. Die Glaubensmuster bilden Ihre Wirklichkeit. Sie sind für Sie Wahrheit, und Ihr Verstand hält mit erbitterter Entschlossenheit daran fest. Doch wenn Sie untersuchen, was Sie glauben, werden Sie feststellen, daß vieles davon kaum eine oder überhaupt keine Grundlage hat. Statt Ihnen zu dienen, halten Ihre Überzeugungen Sie fest und werfen Sie zurück. Viel davon ist nur Stammes-Mist, das heißt Energie, die von einer unzureichenden Generation an die nächste weitergegeben worden ist. Und Sie haben das gelten lassen.

Spirituell sind diese Überzeugungen ein Teil Ihrer Evolution und in gewisser Hinsicht sind sie gut, denn sie erlauben Ihnen, sie zu überwinden. Indem Sie an Ihren Schwächen Stück für Stück arbeiten, beginnen Sie an sich selbst zu glauben. Und wenn dann der Stamm zu Ihnen sagt: »Wirf zwei Orangen in den Fluß, um den Nilpferd-Gott zu besänftigen, sonst wird die Ernte verderben«, haben Sie den Mut zu erwidern: »Quatsch.« Und Sie gehen und kaufen statt dessen einen Sack Dünger.

Spirituelles Wachstum bedeutet im Grunde, daß Sie das Denken der Masse hinter sich lassen, bis Sie genügend Vertrauen in die eigene Realität haben, um zu wissen, daß Sie für sich einstehen können. Dabei entdecken Sie, daß Sie der Lebendige Geist im Inneren sind – ewig, unsterblich und unendlich –, daß Sie tatsächlich grenzenlos sind.

Kürzlich rief mich eine Frau aus Abiline, Texas, an. Sie hatte eine Menge Schwierigkeiten, körperliche Probleme, emotionelle Probleme, zwischenmenschliche Probleme. Sie war arbeitslos und lebte von der Unterstützung. Ich fragte sie, warum sie meine, so viele Probleme zu haben. Sie antwortete, sie gehe durch »ihre schwierigen Jahre«. Ich fragte sie, warum sie glaube, durch schlechte Jahre gehen zu müssen. Sie antwortete, ihr Astrologe habe ihr mitgeteilt, daß eine Planeten-Konstellation ungünstig sei und schwierige Zeiten bewirke. Ich wurde neugierig und fragte sie nach dem Namen ihres Astrologen. Sie erklärte, es sei eine Frau, die sie zufällig im Bus kennengelernt habe. Wir befaßten uns mit ihrer Situation: Hier war also eine Frau aus Abiline, Texas, die vernünftig klang, aber Probleme hatte. Der Grund dafür war, daß sie eines Tages, gänzlich unvorbereitet, im Bus einer Frau über den Weg lief, die ihr helfen wollte und ihr erzählte, daß sie Schlimmes zu befürchten hätte. Ihr Verstand glaubte es. Und Stück für Stück spiegelte die Realität, die sie nun erlebte, diesen Glauben wider. So stand sie buchstäblich vor einem Scherbenhaufen.

Ich sagte zur ihr: »Und wenn ich Ihnen jetzt sage, daß Sie sich einfach irren, daß dieses Jahr sehr gut für Sie werden wird, daß die Dinge sich wenden und Sie innerhalb von dreißig Tagen völlig gesund sein werden.« Sie konnte das nicht glauben, sie meinte, ich sei verrückt, und hing auf!

Was immer Sie glauben, ist entweder häßlich oder schön, hilfreich oder hinderlich. Sie tragen es wie einen Mantel. Es beeinflußt Sie. Ihre Überzeugungen zeigen sich in Ihrem Leben als Versagen oder Erfolg. Als Kinder lernen wir, das Leben sei hart und wir müßten kämpfen, also signalisieren wir als Erwachsene dem Universalen Gesetz: »Gib mir Kampf.« Es antwortet: »Was für eine Art von Kampf willst du?« – »Nun, wie wäre es mit dauerndem Kampf?« antworten wir. Dann fällt das Regal von der Küchenwand und schlägt der Katze den Schädel ein, das Auto springt nicht an, und eine astrale Stimme von der Telefongesellschaft informiert Sie, daß das Telefon gleich abgeschaltet wird, und wir denken: Perfekt, ich kämpfe wie verrückt, und es ist erst Viertel nach neun Uhr morgens. Schwierigkeiten werden ein natürlicher Bestandteil dessen, was wir aussenden.

Sie sind sich dessen vielleicht nicht bewußt, aber schon bei der ersten Begegnung nehmen Menschen Einzelheiten über Sie wahr. Wenn Sie zu einem Bewerbungsgespräch gehen, nachdem man Ihnen gerade gesagt hat, daß Sie in Ihren schwierigen Jahren stecken, senden Sie das aus, und Ihr Gegenüber stellt bei Ihnen einen Mangel an Selbstvertrauen fest. Wenn Sie zum Beispiel gerade mit Ihrem Nachbarn gestritten haben, könnte diese negative Energie sich als Zerstreutheit zeigen, und Ihr Gegenüber legt das als Mangel an Standfestigkeit aus. Es ist also wichtig, daß Ihnen bewußt ist, was Sie aussenden, und Sie sicher sind, daß es nicht negativ ist.

Es ist Ihnen wahrscheinlich nicht bewußt, daß das

meiste der Energie, die Sie in das Universale Gesetz reflektieren, von innen kommt. Im allgemeinen merken Sie nicht, daß Sie auf diese Weise Energie aussenden, weil es ein Teil des gewaltigen Informationsschatzes in Ihrem Unbewußten ist. Bewußt haben Sie vielleicht das Gefühl, ein sehr positiver Mensch zu sein, aber tief im Innern senden Sie nicht die gleiche Stärke aus, und so stellen Sie dauernd fest, daß das Leben nicht den Lauf nimmt, den Sie sich wünschen. Um dies zu lösen, müssen Sie aufmerksam anschauen, was Ihr *inneres Ich* tatsächlich glaubt. Das erreichen Sie durch *Innenschau, Hingabe und Zufluchtsuche*. Diese Techniken werden wir in späteren Kapiteln besprechen.

Um zu einem kraftvollen Leben zu gelangen, müssen Sie allmählich innere Schwächen durch positive Stärke ersetzen. Affirmationen sind ein Weg für Sie, diese Veränderung anzufangen. Lassen Sie mich es Ihnen mit einem Beispiel zeigen. Einer meiner Partner in Europa fand eine bestimmte Gruppe von Menschen äußerst störend. Er mochte ihre Sitten nicht und die Art, wie sie ihre finanziellen Angelegenheiten regelten. Er hielt ihre Restaurants für abstoßend und empfand sie beschränkt und negativ. Außerdem ärgerte er sich, daß seine Situation ihn zwang, mit ihnen zu arbeiten. Jedesmal, wenn er einen von ihnen traf oder auf der Straße sah, kehrte mein Partner alle Negativität hervor, die er spürte. Das war für ihn hinderlich.

Ich empfahl ihm, sein Denken umzuprogrammieren, indem er zehn Dinge fand, die an diesen Menschen gut waren. Er hielt das für eine Herausforderung, aber am Ende sah seine Liste etwa folgendermaßen aus: »Diese Gruppe ist sehr kreativ, viele erstklassige Musiker gingen aus ihr hervor; außerdem ist sie sehr familienbewußt, besitzt einen ausgeprägten Humor (auch wenn er diesen nicht immer verstand), zeigt sich oft sehr menschenfreundlich« und so weiter und so fort.

Im Laufe eines Jahres änderte sein Unterbewußtsein die Meinung über diese Menschen vollkommen. Er wurde entspannter und stellte fest, daß er allmählich bessere Eigenschaften dieser Gruppe anzog, weil sein *inneres Selbst* ihre positiven Stärken und nicht mehr ihre Schwächen reflektierte.

Mit Hilfe dieser Übung können Sie fast jedes negative Energiemuster mit Entschlossenheit über einen gewissen Zeitraum überwinden. Ihre gewohnten Denkmuster sind stark und haben Sie vermutlich seit vielen Jahren beherrscht. Wenn Sie anfangen, mit positiver Affirmation daran zu arbeiten, Ihr Leben unter Kontrolle zu bringen, wird Ihr Denken darauf reagieren. Wenn Menschen krank sind und beginnen, sich selbst zu heilen, werden sie oft zuerst kränker. Denn Ihr Verstand weiß: Wenn Ihr Körper aus dem Gleichgewicht ist, kann er herrschen, Er hat also ein Interesse daran, Sie unausgeglichen zu halten.

Der Weg der Kraft ist im Grunde ein Tauziehen zwischen inneren Standpunkten: Das Denken zieht Sie zurück, und Sie streben mit Bestimmtheit und Mut ständig nach außen. Wenn Sie nach innen schauen und die Programmierungen sehen, die sich dort angesammelt haben, wird die Aufgabe endlos scheinen. Aber wenn Sie den Schutt beiseite räumen, wird mehr Energie Sie erreichen können. Je klarer Sie werden, desto mehr wird die Urkraft Teil Ihres Lebens. Schließlich werden Sie eine Klarheit erreichen, durch die sich alles verwirklichen wird, worauf Sie sich mit dem Wissen, daß es Ihnen gewährt wird, konzentrieren.

Während Sie an Ihrem Verstand arbeiten, wiederholen Sie Ihre Affirmationen immer wieder, und schließlich akzeptiert er die Affirmationen als real, und eine neue Energie ersetzt die alten Schwächen. Als ein Schüler des *Weges* habe ich gelernt, daß jedesmal eine Energieübertragung stattfindet, wenn jemand Ihnen in die Augen schaut oder Sie berührt. Auf diese Weise können Sie Energie empfangen. Manchmal ist das, was Sie erhalten, überhaupt nicht erfreulich. Die Welt ist oft negativ und voll Angst. Das kann man nicht brauchen. Also trainierte ich mein Denken, immer das Wort »Frieden« leise zu sprechen, wenn ich in der Öffentlichkeit mit Fremden in Berührung kam. Zuerst mußte ich mich jedesmal daran erinnern, das Wort zu sagen, denn natürlich vergaß ich es oft. Aber im Laufe der Jahre wurde diese Gewohnheit so sehr zu einem Teil meines Lebens, daß ich jetzt automatisch das Wort »Frieden« denke.

Indem Sie einer Million Menschen eine millionmal »Frieden« wünschen, erschaffen Sie die entsprechende Energie in sich und allmählich auch eine friedliche Welt um sich. Die Affirmation wird real durch ihre ständige Wiederholung und dadurch, daß Sie es so wirklich wollen. Wenn Sie zehnmal am Tag und zehn Jahre lang sagen: »Ich bin Kraft«, dann *werden* Sie es.

Es gibt nichts, das Sie nicht überwinden können. Aber manchmal ist die Mühe groß und die Schwäche so ausgeprägt, daß uns Negativität überwältigt. Sie müssen den *Weg* beschreiten, als hinge Ihr Leben davon ab, denn in gewissem Sinne ist es so. Immer wenn eine unangenehme Situation aufkommt, reagiert der Verstand. Und genau in diesem Augenblick müssen Sie durchgreifen. Wenn es Ihnen hart erscheint, so mit

Ihrem Körper umzugehen, ist dies wahrscheinlich genau der Aspekt, dem Sie bisher ausgewichen sind. Indem Sie sich den unangenehmen Bereichen in Ihrem Leben stellen, wachsen Sie spirituell, indem Sie etwas über sich selbst lernen.

Unbewußte Menschen beschwichtigen die unangenehmen Aspekte mit Drogen und Alkohol. Schließlich sickern die inneren Chaos-Bereiche an die Oberfläche und manifestieren sich als ernste Krankheit oder traumatische Ereignisse. Indem Sie den Mut haben, sich selbst zu sehen, überwinden Sie das Bisherige und finden zu einer anderen Ausrichtung.

Denken Sie etwa so darüber: Sie betreten diese Erde, und es werden Ihnen die Grundzüge der Kreis-Philosophie gelehrt. Sie akzeptieren Negativität und Schwäche gleichzeitig mit Stärke und Wissen. Als Sie ein Teenager wurden, war der größte Teil des Fundaments bereits gelegt. Nun heißt Ihre spirituelle Herausforderung zu üben, Ihre eigene Energie zu kontrollieren und allmählich abzulegen, was Sie nicht mögen. Klingt das nicht verlockend? Das ist es auch. Und der Rest Ihres Lebens steht Ihnen zur Verfügung, um das Projekt zu vollenden.

Sie sehen, es ist nicht genug, einfach durchs Leben zu treiben. Wenn Sie ein echtes Ziel haben, werden Sie sich fordern wollen. Die Menschen finden eine ausgetretene Spur, der sie folgen können, und sie bleiben dabei. Der Verstand liebt keine Spontaneität oder Veränderung. Die Menschen neigen dazu, Muster zu erschaffen, die ihnen bequem sind, und sie bleiben auf diesem Weg tagein und tagaus. Alles ist siebenundzwanzig Jahre lang gut und schön, und dann, eines Tages, steht ein Bär auf dem Weg und frißt sie auf.

Sie haben nicht nur nicht gelebt, sie haben auch nicht auf ihr inneres Fühlen geachtet, das sagte: »He, warte einmal, da stimmt heute etwas mit dem Muster nicht.« Es geht nicht darum, wie lange Sie leben, sondern es kommt auf die Qualität und Vielseitigkeit Ihres Lebens an. Der Zweck des Seins ist es, die Welt zu erleben. Wenn Sie Ihr ganzes Leben damit verbringen, tagtäglich genau das gleiche zu tun, verfliegt die Zeit, und bald schleicht sich das Alter ein und packt Sie, bevor Sie eine Chance hatten, die Dinge wirklich zu durchleben.

Die Energie der Affirmation liegt in den Worten: »Ich bewege mich aufwärts. Es ist grenzenlos, was ich erleben kann. Ich werde mein Leben leben. Jede Gelegenheit, etwas Neues zu erfahren, werde ich ergreifen, und das Notwendige dazu tun. Ich fahre mit dem Kanu auf dem Amazonas und springe mit dem Fallschirm aus dem Flugzeug. Ich besuche alle wichtigen Kunstgalerien der Welt. Ich schreibe drei Bücher – und verkaufe sie. Ich singe in der Carnegie Hall. Ich besuche fünfzig Länder. Ich heile meinen Körper selbst. Dazu brauche ich bis Dienstag. Dann reise ich zu den Pyramiden, verliebe mich in einen phantastischen Menschen, mache einen Haufen Geld, fliege über den Grand Canyon, reise nach Tibet und lerne Levitation. Am Sonntag werde ich ein wenig schlafen und meine Sachen waschen, weil ich am Montag nach Kenia auf Safari gehe.«

Alles ist da und wartet nur auf Sie. Alles, was Sie tun müssen, ist hinzugehen und sich einzuschreiben. Eine Erlaubnis ist nicht nötig. Sie brauchen nur den Mut zu sagen: »Tragen Sie mich ein.« Vorausgesetzt, Sie haben die Energie, es durchzustehen, können Sie tun, was Ihnen gefällt. Das Universale Gesetz, unparteiisch wie es ist, wird nur zu erfreut sein, Sie zu beliefern.

Wenn Sie mit Ihrer Kraft arbeiten, werden Sie staunen, wie sich Ihnen Türen öffnen. Die Menschen werden Ihre gesteigerte Energie spüren und Ihre Nähe suchen und bei Ihnen sein wollen. Sie selbst werden sich immer mehr einbezogen fühlen. Situationen werden sich ergeben, Wege öffnen, von deren Existenz Sie keine Ahnung hatten. Sie werden sagen können: »Ich bin Kraft«, und zwar aus einem Stand der Stärke. Sie werden sagen: »Gelegenheiten finden mich«, und Ihr Denken wird es glauben, weil es diese zauberhaft spontanen Geschehnisse erlebt. Es wird nicht mehr nur Glauben sein. Sie werden es erleben: Auf der Spitze der Cheopspyramide bei Sonnenaufgang mit dem Blick über's Niltal! Und vor Ihnen wird eine ewige Zukunft liegen!

Mut ist ein natürlicher Teil meines Wesens. Indem ich mich dem Leben stelle, überwinde ich es.

3

Was wollen Sie wirklich?

Gewiß kennen Sie bereits die Geschichte von dem Mann, der endlich seine lange Gefängnisstrafe abgesessen hatte. Als er entlassen war, fühlte er sich verloren. Mit seinem Leben in Freiheit konnte er nichts anfangen, und so beging er eine kleine Straftat, um wieder ins Gefängnis zu kommen, wo er sich sicher fühlte und wo sein Leben für ihn organisiert wurde.

Unser Denken verhält sich wie dieser Sträfling. Es will Einschränkung und Begrenzung, weil es an sie gewöhnt ist. Begrenzung erlaubt Ihnen, sich nicht selbst konfrontieren zu müssen. Sie hält Sie fest.

Einmal auf einer Reise nach innen traf ich ein himmlisches Wesen. Ich konnte es nicht sehen, spürte aber seine Anwesenheit. Es sagte, es wolle mir die Grenzenlosigkeit der Unendlichkeit zeigen. Irgendwie legten wir eine große Entfernung zurück. Plötzlich stand ich mitten im Nichts. Unendlichkeit dehnte sich um mich aus. Es war ein sehr ungewöhnliches Erlebnis. Ich hätte nie gedacht, daß Unendlichkeit sich so eigenartig »anfühlte«. Aber das tat sie.

Die unendliche Weite vor mir war angenehm, als ob man an die Zukunft denkt. Die unendliche Weite hinter mir war nicht so leicht zu ertragen. Vergangenheit, wie wir sie kennen, ist strukturiert, starr und unveränderlich. Aber in der Dimension, in der ich mich mit diesem Wesen befand, veränderte sich die Vergangenheit langsam. Sie war eine Art Gefühlswelt, die sich hob und senkte, je nachdem, was man selbst empfand.

Die unendliche Weite über mir war lediglich interessant. Sie erinnerte mich an den Nachthimmel und die angesichts der in der Ferne flimmernden Sterne schon vertraute Frage, wer da oben wohl sei. Dann blickte ich nach unten – und flippte aus! Die unendliche Weite unter mir war äußerst beunruhigend. Als Menschen sind wir gewohnt, auf einen soliden Untergrund zu schauen: *Terra-firma* – je fester desto sicherer! Stellen Sie sich vor, unter Ihre Füße zu blicken und darunter nichts als unendlichen Raum zu sehen. Sie haben unweigerlich das Gefühl zu fallen. Und doch blieb ich ausgeglichen mit diesem unsichtbaren Wesen an meiner Seite. Ich hatte den flüchtigen Eindruck absoluter Freiheit. Es war, als ob für einen Augenblick ein schwerer Mantel von meinen Schultern glitt, und ich erkannte: Wir alle sind frei – wenn wir uns dessen nur bewußt werden.

Das Wesen ließ mich wissen, daß ich in jede gewünschte Richtung gehen könne. Große Angst ergriff mich. Ich war nicht imstande, mich zu rühren. Ich fühlte mich wie dieser Sträfling, der mit seiner neuen Freiheit nichts anzufangen wußte. Vielleicht war es eine versäumte Gelegenheit, und doch hatte ich etwas gelernt. Ich erkannte, daß jede Einschränkung, die wir Menschen fühlen, nur Illusion ist. »Kann nicht« gibt es nicht. Es gibt keine Grenze. Worte vermögen die immensen Möglichkeiten, die vor Ihnen liegen, nicht zu beschreiben. Die Welt, ja das Universum, liegt zu Ihren Füßen. Aber Sie müssen darauf zugehen, als hinge Ihr Leben davon ab. Und Sie müssen sich darüber im klaren sein, was Sie wollen.

Stellen Sie sich vor, ein hohes Geistwesen erscheint vor Ihnen und sagt: »Du kannst alles haben, was du willst. Alles.« Was würden Sie erbitten? Wären Sie offen genug und bereit zu empfangen? Wären Sie sicher, daß die Dinge Ihrer Wahl spirituell vorteilhaft sind, oder würden Sie Dinge wünschen, die das Ego aufblähen und vielleicht einen Rückschritt bedeuteten?

Die meisten Menschen auf der Welt haben keine Ahnung, wohin sie gehen. Sie wissen nicht, was sie wollen. Sie haben keine wahre Vorstellung, wie sie sich Ausdruck geben oder ihre Kreativität entfalten sollen, und so treiben sie endlos dahin. Warum? Wenn Sie zum Universalen Gesetz sagen: »Ich weiß nicht, was ich will«, antwortet es: »Wenn du es schon nicht weißt, mein Lieber, woher sollen wir es dann wissen?« Wenn Sie also keine Pläne für Ihr Leben haben, dann sitzen Sie in einem Boot, und die Ruder liegen auf dem Steg.

Auf einer meiner ersten Reisen im Licht war ich erstaunt festzustellen, daß das Licht an unserem Leben nicht emotionell beteiligt ist. Das war zunächst ein Schock, da ich in dem Glauben aufgewachsen war, daß Gott sich irgendwie darum kümmere, was ich Tag für Tag tue, und daß irgendwo, an irgendeinem Ort, für mich Entscheidungen getroffen würden. Jetzt weiß ich, daß dies nicht so ist. Das Licht trifft keine Entscheidung für Sie. In gewisser Weise ist dies gut, denn es läßt Ihnen absolute Freiheit. Aber für Sie ist es lebenswichtig zu wissen, was Sie wollen. Es bringt nichts zu sagen: »Ich will etwas Besseres, als was ich habe. Mein Leben ist die Hölle. Gott, schicke mir einen Topf Geld runter und hole mich hier raus.« So etwas funktioniert nicht. Es ist viel zu vage, und die Energie hätte Schwierigkeiten, Sie zu finden.

Denken Sie darüber nach, was Sie wollen. Schreiben Sie die zehn Dinge auf, die Sie mehr als alles andere wollen. Stellen Sie sich vor, sie zu haben. Schmieden Sie einen Schlachtplan, der Ihren Weg zum Ziel aufzeichnet. Vermeiden Sie alle belanglosen Nebenwege.

Hier ein Beispiel. Angenommen, Sie wollen ein großer Musiker sein, und Ihre Musik soll Ihnen zu großem Wohlstand verhelfen. Aber Sie scheitern daran, es zu verwirklichen, und so betrinken Sie sich von Zeit zu Zeit. Sie können keinen Kontakt mit einer inneren Energie aufnehmen, wenn Sie nicht im Gleichgewicht bleiben und sich betrinken. Das Trinken führt Sie auf einen belanglosen Nebenweg, also geben Sie auf.

Trennen Sie sich von allem, was Sie zurückhält. »Aber ich muß diese Zwei-Meter-Großvateruhr an mich binden, weil das alte Stück seit dreihundert Jahren in meiner Familie ist. Die Menschen würden schlecht von mir denken, wenn ich das Erbe nicht bewahre.«

Die Hauptschwierigkeit haben die Menschen damit festzustellen, was sie wollen, und sich klarzumachen, daß sie frei sind, es zu bekommen. Wenn Sie Ihren Tag aufmerksam verfolgen und Ihre Resultate beobachten, stellen Sie fest, daß der größte Teil der Mühe, die Sie investieren, keinen Lohn und kaum Befriedigung bringt. Wir vergeuden Zeit, geben uns mit den falschen Leuten ab, reisen zu den falschen Orten. Wir schwanken und trödeln und warten darauf, daß uns jemand die Erlaubnis zum Erfolg gibt. Keiner wird je die Erlaubnis geben, und keiner wird je danken.

In der modernen Gesellschaft gibt es immer noch die Angst vor dem Erfolg. Erfolg entfernt Sie von den Menschen, mit denen Sie aufgewachsen sind. In gewissem Sinne stellt er sie bloß. Und so neigen wir dazu, unsere Sache nicht ganz so gut zu machen, um nicht einen geliebten Mitmenschen aufzubringen.

Auf meiner Reise durch Kanada lernte ich eine junge Anwältin kennen. Im Gespräch stellte sich heraus, daß sie bei der Arbeit immer wieder dumme Fehler machte. Sie war sehr gescheit und fähig; ihre Unstimmigkeit war mit ihrer Begabung unvereinbar. Sie war mit einem Kollegen verheiratet. Vielleicht haben Sie den Grund für ihre schwache Leistung schon erraten: Ihr Mann war mittelmäßig. Ich traf ihn einmal; er gab an und machte viel Wind, war aber nicht talentiert. Doch die Frau war besorgt, ihre Ehe würde zerbrechen. Ihr *inneres Selbst* zog Situationen an, in denen sie in schlechtem Licht erschien, um ihren Mann nicht zu übertreffen. Ich forderte sie auf, ihm zu sagen, wie sie sich fühlte und empfahl ihr, ihre eigene Praxis zu eröffnen. Ich fragte mich oft, was weiter geschehen war. Hat sie weiterhin weniger als ihr Bestes gegeben oder ist sie auf den Pfad der Kraft eingeschwenkt?

Ich fühle mich gut, deshalb ist mein Leben gut.

Klar zu werden über das, was Sie wollen, ist der erste Schritt zur Materialisierung Ihrer Ziele. Wenn Sie einmal wissen, was Sie wollen, wird es so vorwärtsgehen, als ob das Universum Ihren Wunsch bereits erfüllt hätte. Dabei beginnt die Energie aufzubauen. Sie fängt an, sich zu formen aus Ihren Gefühlen und Gedanken, und schließlich ist die Kraft so stark, daß die Energie aus dem Zustand der Phantasie in die Realität übergeht.

4

Hingabe: Das Gebet des spirituellen Kriegers zu sich selbst

Nur selten begegnet man einer Person, die sich ihrer Sache wirklich mit Hingabe verschrieben hat. Solche Menschen sind fast immer sehr erfolgreich. Hingabe ist das Gebet des spirituellen Kriegers zu sich selbst, es ist ein Weg »wütender« Konzentration. Man lebt so intensiv für seine Sache, daß sich Wünsche schließlich materialisieren. Die Welt ist voll von Hindernissen. Wenn Sie das Leben der großen Männer und Frauen betrachten, die über unsere Erde wandelten, stellen Sie fest, daß es ihre besondere Hingabe war, was sie herausragen ließ. Sie hielten durch trotz aller Widrigkeiten. Sie verfolgten ihr Ziel durch dick und dünn. Sie überwanden gesellschaftliche, physische und finanzielle Probleme und schufen Erfolg.

Hingabe ist lebenswichtig. Sie müssen Ihr Leben wie ein spiritueller Krieger führen und Ehrgeiz »atmen«. Wenn Sie nur halbherzig sind, reagiert das Universale Gesetz nur spastisch. Fehlt es Ihnen an Mut, so fehlt es auch der Energie um Sie an Mut. Schwanken Sie, so schwankt auch das Universale Gesetz. Wenn Sie zum Beispiel Schauspielerin werden wollen, müssen Sie ein Programm aufstellen. Sie müssen trainieren, zum Vorsprechen gehen und ins Geschäft kommen. Es hat keinen Sinn, sich zu verstecken, wo Fuchs und Hase sich gute Nacht sagen und sich einzubilden: »Ich bin eine große Schauspielerin, und es gibt nur einen einzigen Grund, daß ich nicht am Broadway bin: Ich bevorzuge eben das Landleben.«

Das Universale Gesetz wird Ihnen alles geben, was Sie wollen, aber es kann nicht frei Haus liefern wie ein Paketdienst. Sie müssen gut erreichbar sein. Und Sie müssen bereit sein, eine Situation zu nutzen, wenn sie sich ergibt. Geduld hilft Ihnen daranzubleiben während das Universale Gesetz liefert. Viele lassen sich durch Rückschläge von ihrem Ziel abbringen. Wenn Sie fünf Jahre lang Teller spülen müssen, um eine große Schauspielerin zu werden, dann seien Sie bereit, für alle Fälle auch sechs Jahre lang Teller zu spülen. *Das* ist Hingabe.

Als Teenager hatte ich einen Freund, der Hockey spielte. Er war nicht sehr schnell oder wendig, doch irgendwie brachte er es zum rechten Flügelmann, wo große Geschwindigkeit erforderlich ist, um am äußeren Rand des Feldes vor- und zurückzuhechten. Es war auffällig an diesem Burschen, der für seine Aufgabe eigentlich nicht geschaffen war, daß er große Zähigkeit bewies. Wenn er der Gegenseite den Ball abjagte, gab er nie auf. Erbarmungslos bearbeitete er seine Gegner. Wenn er einmal überholt wurde, kehrte er um und nahm den nächsten aufs Korn. Dieser kleine Flügelspieler hatte eine fast unnatürliche Hingabe. Er war auch unglaublich listenreich. Wenn er den Ball hatte, lief er auf eine Art, die andere verwirrte. Der Ball blieb an seinem Stock, als sei er angeklebt. Er spielte und rannte übers Feld, wie es keiner je zuvor gesehen hatte. Dieser Spieler lief und lief, und oft schlug er andere, schnellere, weil er nie nachgab. Er war der führende Torjäger und eine Inspiration für seine Mannschaft. Die englische Nationalmannschaft wählte ihn für ihr

Trainingslager aus, und schließlich wurde er einer der besten Flügelspieler im Lande. Das erreichte er, weil er seinen Mangel an Schnelligkeit durch Hingabe, Zähigkeit und Schläue wettmachte.

Wie schlau sind Sie? Können Sie Grenzen überwinden? Können Sie auch dann noch Ihren Mann stehen, wenn die anderen bereits aufgegeben haben? Wenn Sie das können, ist Ihnen Erfolg sicher, denn das Universale Gesetz wird darauf ansprechen.

Hingabe zu haben heißt: »Ich bin die Macht im Innern. Es gibt nichts, das ich nicht tun kann. Es gibt niemanden, der mir im Wege steht. Ich bin frei, und ich werde nie aufgeben. Auch wenn es vierzig Jahre dauert: Ich werde dort sein. Carnegie Hall, das Royal Opera House – was auch immer. Die Tatsache, daß ich keine Note singen kann und wie ein Frosch im Sack klinge, ist nur eine Illusion. Ich werde Gesangsunterricht nehmen. Ich werde der größte vierundneunzigjährige Opernsänger, den die Welt je gesehen hat – und wenn ich hundert Jahre werden muß, um das zu erreichen!«

Um diese Hingabe zu entwickeln, brauchen Sie wilde Entschlossenheit. Das heißt, sich auf Ihre Bedürfnisse und Projekte zu konzentrieren, die Ihnen Vergnügen bereiten, und sich Zeit zu nehmen zu erkennen, daß Sie auf dieser Erde sind, um Ihre Evolution voranzutreiben und nichts anderes. Wenn Sie sich einer solchen aufbauenden Aufmerksamkeit zuwenden, wird Ihr Leben allmählich eine neue Bedeutung bekommen, und Sie werden eine Hingabe zu sich selbst, zu Ihrer Familie oder anderen erwünschten Zielen entwickeln.

Mit Hingabe besitzen Sie ein machtvolles Werkzeug. Die Konsequenz dieser Eigenschaft wird Sie aus einer

Menge herausragen lassen. Sie ist kein Strohfeuer, sondern eine allmählich wachsende Energie, die im Laufe der Jahre aufgebaut wird. Und eines Tages sind Sie ganz oben und blicken hinunter. Kürzlich sah ich im Fernsehen das Interview mit einem Sänger. Dieser hatte in weniger als einem Jahr drei Top-Hits gebracht und wurde gefragt, wie er sich nun angesichts des Erfolges fühle. Scherzhaft erwiderte er: »Ich werde ein Buch schreiben: ›Wie man in siebzehn Jahren über Nacht zum Erfolg wird‹«. So lange hatte er gebraucht, um seinen ersten großen Hit zu komponieren.

Viele geben auf, kurz bevor sie den Jackpot ziehen. Dann beklagen sie sich, daß das Universale Gesetz nicht für sie sorge; das ist natürlich Quatsch. Wenn Sie nicht haben, was Sie wollen, dann sind Sie eben noch auf dem Wege. Sie sind Ihrem Ziel vielleicht schon nahe – aber dem besten Restaurant in der Stadt nahe zu sein, heißt noch nicht, dort zu essen. Sie müssen durchhalten bis zum letzten, glorreichen Abschluß.

Vor acht Jahren war ich in einer Gruppe von vierzig Kumpels; wir wetteten, daß wir binnen zwei Tagen ein Loch vom Format eines großen Hauses ausgraben könnten, ohne Baumaschinen zu Hilfe zu nehmen. Das Loch sollte zwölf Meter tief sein und an den Seiten etwa achtzehn Meter messen. Dazu ist eine Menge Erde zu bewegen. Mit Pickeln und Schaufeln machten wir uns ans Werk. Schubkarren für Schubkarren wurde zutage gefördert. Nach etwa zehn Stunden wurde es Nacht. Wir stellten ein paar behelfsmäßige Lampen auf und gruben unbeirrt weiter. Etwa um vier Uhr morgens begann es zu regnen, das Loch wurde zu einer schlammigen Grube. Die Anstrengung, auch nur eine Schubkarrenladung nach oben zu schaffen, war gewaltig. Wir waren durchgefroren und kamen nur noch im Kriechtempo voran. Es schien, als wären wir geschlagen.

Hätten wir aufgegeben, wären wir immer noch wegen unserer Mühe gelobt worden – aber wir hätten verloren, und das wußten wir. Da fand einer der Männer ein Seil, und wir bildeten Zwei-Mann-Teams. Einer schlang das Seil wie ein Maultier um den Leib und zog, der andere schob den Schubkarren. Auf diese Weise konnten wir die Schlammladungen nach oben befördern. Wir arbeiteten bis zur Dämmerung, und obwohl die milchige Sonne des neuen Tages unsere Gemüter etwas erwärmte, schien die Aufgabe immer noch unmöglich. Wir schufteten weiter und arbeiteten ohne Schlaf. Wir ignorierten Schmerz und Müdigkeit und holten eine zweite Energiereserve tief aus unserem Innern. Am Ende des Tages hörte der Regen auf, und wir arbeiteten uns durch die nasse Erde, bis wir zu der leichter zu bearbeitenden trockenen Schicht gelangten. Wir fuhren fort, mit der Maultier-Technik zu arbeiten, da wir so schneller vorankamen. Einer feuerte den anderen an.

Unsere Zusammenarbeit glich einem Symphonieorchester: Vierzig Mann kamen und gingen, schwangen Pickel auf engem Raume, und jeder war sich des anderen genau bewußt, einer unterstützte den anderen, und alle waren getrieben von der Hingabe zur Vollendung unseres Vorhabens.

Nach vierundvierzig Stunden pausenlosen Grabens waren wir kurz vor dem Ziel. Wir setzten zum Endspurt an. Wir schleppten die Schubkarren im Laufschritt, rannten von einer Seite des Loches zur anderen, gönnten uns keine Atempause, wir gruben schneller und schneller. Durch die Beschleunigung mobilisierten wir weitere Energiereserven, die uns über die Schmerzwelle trugen und uns nochmals schneller graben ließen. Nach genau siebenundvierzig Stunden und dreiundvierzig Minuten war das Loch in den richtigen Abmessungen fertig. Die unmöglich scheinende Aufgabe war sogar siebzehn Minuten früher erledigt worden. Keiner hatte für Bezahlung gearbeitet. Es war Ehrensache. Einen Monat später füllte ein Bagger das Loch wieder zu. Hingabe: Der Treibstoff fürs Leben.

Ich widme mein Leben der Kraft in meinem Innern. Durch Hingabe entfalte ich natürlich die höchsten Möglichkeiten, die in mir angelegt sind.

5

Affirmationen des Wortes

Wie bereits weiter oben gesagt, gibt es vier Typen von Affirmationen: Affirmationen des Wortes, Affirmationen des Denkens, Affirmationen des Fühlens und Affirmationen des Wesentlichen oder des Handelns. Wir wollen jede von ihnen besprechen und sehen, wie sie sich in einen »Schlachtplan« fürs Leben einfügen lassen.

Affirmationen des Wortes sind eng mit dem Gebet verwandt. Statt daß Sie aber zu einem Gott außerhalb Ihrer selbst beten, beten Sie zu sich selbst zu Gott. Sie sagen: »Ich bin die Macht, ich bin das Licht, ich kontrolliere mein Leben.« Eine Affirmation des Wortes ist fast ein Mantra. Es kommt nicht wirklich darauf an, ob das, was Sie affirmieren, bereits tatsächlich zutrifft. Wenn Sie eine Affirmation häufig wiederholen, nistet sie sich im Unterbewußtsein ein und wird schließlich zu Ihrer Realität.

Eine Affirmation des Wortes dient Ihnen fast für alles – Gesundheit, Wohlstand, Glück –, auf was immer Sie sich konzentrieren. Affirmationen, die Sie selbst formulieren, sind am stärksten, denn sie spiegeln wider, was Sie tatsächlich fühlen. Ich kann Ihnen Beispiele für Affirmationen geben, die Sie jedoch abwandeln sollten, damit sie Ihrem eigenen Empfinden entsprechen. Die Kultur, in der ich aufgewachsen bin, kennt Worte der Kraft, die aber nicht unbedingt Ihre persönlichen Worte der Kraft sein werden.

Als ich etwa acht Jahre war, zog ich mir in Afrika die Malaria zu und schwebte einige Zeit in Lebensgefahr. Das Fieber kletterte bis 41° C hoch; das ist für einen kleinen Jungen sehr viel! Am dritten Tag sagte mir meine Mutter, daß sie eine spezielle Heilungsenergie für mich anziehen werde. Am frühen Abend kam sie in mein Zimmer, nahm meine Hand und begann, die folgende Anrufung auf lateinisch zu rezitieren:

Siehe das Kreuz Gottes.
Negative Einflüsse, vergeht.
Der Löwe des Stammes Juda
ist siegreich.
David herrscht, David herrscht.
Halleluja, Halleluja

Stundenlang wiederholte sie diese Anrufung ohne Unterbrechung. Ich schlief ein, und am nächsten Morgen hatte das Fieber nachgelassen. Die lateinischen Worte waren nicht von Bedeutung, aber für sie hatten sie Kraft. Mit Hilfe dieser Kraft erschuf meine Mutter einen heilenden Einfluß, den sie auf mich richtete. Ihre Botschaft arbeitete.

Es ist wichtig, daß eine Affirmation von emotionaler Kraft getragen wird, und daß sie für Sie etwas bedeutet. Emotion macht die Energie nutzbar. Sie bringt Sie in Fluß. Wenn Sie ein Gebet nur herunterleiern, hat es nicht die gleiche Kraft, wie wenn Sie mit den Worten eine klare Zielsetzung verbinden. Auf die Worte kommt es hier nicht so sehr an; was zählt, sind Ihre Gefühle.

In der Schule mußten wir sehr viel beten, und oft langweilten wir uns dabei. Also dachten wir uns zum

Spaß unsere eigenen Worte aus, die wir im Flüsterton murmelten. Im Vaterunser ersetzten wir wichtige Begriffe durch die Namen von Londoner Vorstädten. Das Gebet lautete nun: »Our Farnham, who art in Hendon, Harrow be thy name, thy Kingston come, thy Wimbledon, in Esher as it is in Harringay ...« Sie verstehen!

Bald konnte ich das Vaterunser nicht mehr korrekt aufsagen. Noch heute sind »Our Farnham, who art in Hendon, Harrow be thy name ...« Worte der Kraft für mich. Im Alter von zehn Jahren waren sie für mich der subtile Inbegriff von Rebellion: »Ich bin, was ich bin: Ein Individuum. Wenn Gott keinen Sinn für Humor hat – Pech.«

Wenn Sie Affirmationen formulieren, so achten Sie darauf, daß die Worte Ihnen wirklich etwas bedeuten. Nehmen Sie nicht die Worte anderer, sie haben nicht die gleiche Wirkung. Sie verbinden mit diesen vielleicht Assoziationen, die Ihre Individualität, mit der Sie Ihr Schicksal in die Hand nehmen, nicht wirklich unterstützen.

Es ist wichtig, daß Sie eine Art Heiligtum in Ihrem Leben einrichten, wohin Sie sich aus dem Kreis-Denken der Masse zurückziehen können und Frieden und Ruhe finden, um an Ihrer Selbstbestätigung zu arbeiten. Ihr Heiligtum könnte ein Raum zu Hause sein oder vielleicht ein Spaziergang am Morgen. In Zeiten, in denen Sie ganz allein sind, kann zusätzliche Kraft in Sie einfließen.

Wenn möglich, versuchen Sie, einen Tagesplan einzuhalten, nach dem Sie Ihrem inneren Wachstum regelmäßig die gleiche Zeit widmen, so daß sich ein gewisser Rhythmus entwickelt. Das Ein- und Ausatmen des Universalen Geistes fließt im Einklang mit Ihren Absichten. Sie werden noch staunen über die Erweiterung Ihrer Wahrnehmungen. Ich empfehle vierundzwanzig Minuten dafür, das ist eine Minute für jede Stunde des Tages.

Während dieser Zeit der Zurückgezogenheit werden Sie über Ihre Affirmation für den Tag entscheiden. Hier sind einige Affirmationen, die mir gefallen:

Affirmationen zum Tagesbeginn:

Ich bin ewig, unsterblich, allumfassend und unendlich.

Meine Erwartungen sind wahrlich grenzenlos.

Ich bin, was ich bin, und was ich bin hat Schönheit und Stärke.

Möge die Frische dieses neuen Tages meinem Körper Vitalität geben und ihn heilen. Mögen Ausgeglichenheit und Kraft in diesem Tag sein.

Die Schönheit, die ich sehe, ist ein Teil aller Dinge, und ich bin in Wahrheit ein Teil aller Dinge.

An diesem Tag begegne ich jedem Menschen mit Liebe, denn ich weiß, daß ich wirklich liebenswert bin.

Das Universum ist Überfülle, und das gilt auch für mich. Alle meine Bedürfnisse sind erfüllt. All das, was ich brauche, bekomme ich.

Möge die Schönheit dieses Tages sich entfalten. Möge sich die Kreativität in mir in höchster Vollendung zeigen.

Die Morgendämmerung ist die beste Zeit, um Affirmationen zu formulieren. Wenn Sie erfrischt erwachen, können Sie Gedanken und Gefühle in Ihr Bewußtsein legen, die diesen Tag Ihrem höchsten Entwicklungsziel angleichen. Sie haben ein unberührtes Blatt vor sich, auf das Sie frei von negativer Emotion schreiben können. Dazu kommt, daß beim Morgengrauen oder noch früher der Rest der Welt das Universale Gesetz noch nicht beeinflußt. Deshalb haben Ihre Affirmationen mehr Kraft.

Nehmen Sie sich etwas Zeit, um den vor Ihnen liegenden Tag zu bedenken. Sehen Sie vor sich, wie die Ereignisse fließen, wie die Menschen Ihre Ideen und Ihre Energie annehmen, fühlen Sie, wie Sie die Dinge, die auf Sie zukommen, im Griff haben. Spüren Sie den Zauber des Lebens. Wenn Sie vor einer schwierigen Situation stehen, nehmen Sie sich Zeit, tief einzuatmen, sich diese Situation vorzustellen. Beim Ausatmen senden Sie Licht und Liebe dem Menschen oder der Situation, und sehen Sie, wie sie auf Ihre Energie positiv reagieren. Auf diese Weise bauen Sie eine Linie der Kraft und der Stärke auf, die Sie in das Universale Gesetz einfließen lassen können.

Diese einfache Methode wirkt wie eine Kraftlinie, die das Eindringen nachteiliger Gefühle in die sich entfaltenden Geschehnisse verhindert. Natürlich kann Ihre eigene Abwehr auf einmal versagen oder etwas Negatives in die von Ihnen aufgebauten Energien eindringen, aber das ist selten. Wenn Sie sich den ganzen Tag über im Gleichgewicht halten, werden Sie feststellen, daß es auf dem Weg immer Licht gibt, daß Ihr Zauber in den Tag einfließt, und daß Ihre höchste Entwicklung gesichert ist.

Wenn sie sich vor Tagesanbruch oder beim Aufstehen einige Augenblicke Zeit nehmen, sagen Sie sich, daß Sie ein bewußtes, kreatives Wesen sind. Ihre Energie ist gekräftigt, damit Sie Ihr Schicksal besser meistern, Wünsche materialisieren und Ereignisse kontrollieren können. Wenn Sie vierundzwanzig Minuten – eine Minute für jede Stunde des Tages – nutzen, Ihrer inneren Führung ein Ausstrahlen zu ermöglichen, bestätigen Sie, daß der Sitz Ihrer Kraft im Innern liegt. Dann gehen Sie durch den Tag mit der Absicht oder Ausrichtung, die sagt: »Ich weiß, daß ich in der physischen Welt existiere, aber mein Leben wird von innen geleitet.«

Die vierundzwanzig Minuten können eine Meditation oder eine Zeit der stillen Innenschau sein. Vielleicht können Sie ins Freie gehen, einer ausgewählten Musik lauschen oder sich am Meer oder an einem See aufhalten. Die Hauptsache ist, daß Sie jeden Tag meditieren und sich an einen Rhythmus gewöhnen, der Ihre vierundzwanzig Minuten täglich zur gleichen Zeit ablaufen läßt. Das erlaubt den inneren Welten, mit Ihnen in Verbindung zu bleiben. Allmählich werden Sie eine Kraft entwickeln, die stärker ist als Emotionen und Sorgen.

Ist Ihr Tag so eingerichtet, ist es wichtig, die Energie aufrechtzuerhalten. Jede negative Emotion, jeder negative Konflikt kann Ihre Energie zerstören, und die Macht Ihrer Affirmationen wird sich auflösen. Wählen Sie also einige Affirmationen aus und wiederholen Sie diese von Zeit zu Zeit. Es kann ein einziges Wort sein – Stärke, Liebe oder was auch immer Sie wollen. Dann wird die Energie, die Sie mit sich tragen, Sie im Laufe des Tages schützen und vor Schwierigkeiten bewahren.

Nehmen Sie sich um die Mittagszeit wieder einige Augenblicke, um ganz für sich zu sein. Das ist nicht einfach, denn es gibt immer etwas zu tun. Doch ein Augenblick, den Sie für die Energie investieren, wird

Ihnen endlose Zeit ersparen, die Sie andernfalls mit Herumlaufen, Versuchen, Erzwingen und Kämpfen vertun. Das Leben ist nicht als Kampf gedacht, mehr wie ein Wandern durch ein sonniges Tal von einem Punkt zum nächsten.

Wenn Sie anfangen, Ihr Leben als eine Energie-Aussage zu sehen, erkennen Sie, daß Sie am besten arbeiten, wenn Sie *bewußt* sind. Das heißt: Wie Sie denken, fühlen und Ihre Wünsche zu erkennen geben, wird in Realität um Sie herum verwandelt. Schließlich werden Sie nur noch Dimensionen Ihrer eigenen Schöpfung erfahren, und diese Gedankenformen werden voll Schönheit sein.

Ein Energienachschub um die Mittagszeit ist wichtig. Aber lassen Sie sich diese Übung nicht zur lästigen Pflicht werden. Wenn Sie am Ende im Schneidersitz auf dem Archivschrank in Ihrem Großraumbüro sitzen und OM singen, dann ist es des Guten zuviel. Lösen Sie sich einfach im Bewußtsein ein wenig von Ihrer Arbeit und versuchen Sie, Sie selbst zu sein. Betrachten Sie den Tag und fühlen Sie nach, wie gut es ging, wie die Spontaneität der Ereignisse auf Sie einging, und verbinden oder verankern Sie die positiven Ereignisse mit Ihren inneren Gefühlen. Sehen Sie, wie Sie das Wohlgelingen dieses Tages geschaffen haben. Dies geschieht, indem Sie in Gedanken die Ereignisse dieses Tages betrachten, und dann sagen Sie: »Das habe ich herbeigeführt, ich habe es gut gemacht, ich habe alles im Griff, ich weiß, was ich tue, ich habe mein Leben unter Kontrolle.« Durch diese Rückschau auf Ihre Erfolge – wie klein sie auch sein mögen –, und durch ihre Aufnahme in Ihr Bewußtsein sind Sie sicher, daß auch der Rest des Tages gut sein wird. Sie legen sozusagen nochmals Holz ins Feuer, und Sie verankern oder verbinden das Positive mit der Ewigkeit in Ihrem Innern.

Vielleicht sind Ihre Erfolge noch klein, aber es ist wichtig, sie zu betrachten. Daraus entwickeln Sie persönliche Triumphe. Vielleicht sind Sie ganz pünktlich zur Arbeit gekommen, haben ein Projekt abgeschlossen, waren liebevoll zu Ihren Kindern, trafen sich mit einem Freund usw. Wir Menschen neigen oft dazu, unser Leben als unbedeutend zu sehen. Das ist es aber nicht. Alles hat seine Bedeutung. Jede Aufgabe ist ein Teil Ihres heldenhaften Strebens nach Transzendenz. Wenn Sie sich Zeit nehmen, Ihre Erfolge zu würdigen, erleben Sie Macht in dieser Welt, was den meisten unbekannt ist.

In dieser kurzen Mittagspause möchte ich, daß Sie versuchen, sich mit der Natur von neuem zu verbinden und sich auf Ihre »Innerlichkeit« zu besinnen, die Sie bei Tagesanbruch schufen. Wenn Sie nicht hinaus in die Natur gehen können, so schauen Sie wenigstens einen Moment aus dem Fenster auf die Bäume oder auf zum Himmel, um die Ewigkeit zu erspüren. Dabei wird die physische Ebene um Sie kleiner, und die Unendlichkeit in Ihrem Innern weitet sich aus. Sagen Sie erneut: »Ich bin ein Teil aller Dinge, ewig, unsterblich, allumfassend und unendlich. Meine Erwartungen sind wirklich grenzenlos.«

Wenn Sie in den Wald oder in einen Park gehen können, dann nehmen Sie sich einen Augenblick die Zeit, um die Natur wirklich zu berühren mit Ihren Gefühlen, mit Ihren Gedanken, mit Ihrem Körper. Berühren Sie einen Baum, ziehen Sie Kraft aus ihm, und spüren Sie die freifließende Lebenskraft, die durch ihn zu Ihnen strömt. Stellen Sie sich vor, wie sie durch Ihren Körper fließt, wie sie Müdigkeit und Negativität fortspült und Sie erfrischt. Blicken Sie einen Augenblick auf die einzelnen Pflanzen, ins Innere einer Blume, nur zehn Sekunden lang, und versuchen Sie zu spüren, welche Dimensionen der Existenz darin wirken. Versuchen Sie, Ihre Verbindung mit diesem Universum zu fühlen. Das wird Ihnen helfen, sich aus der Welt der Emotionen und der Mentalität des Kreises zu entfernen und in eine Dimension reiner Gotteskraft zu kommen. Wenn Sie keine Blume finden, finden Sie etwas anderes. Wenn es nur ein Stein ist. Versetzen Sie sich in den Stein und empfinden Sie die Stille, fühlen Sie, wie dieser Stein Ewigkeit ausdrückt, und fühlen Sie sich mit ihr verbunden. Durch Berühren der Unendlichkeit durch die Natur geben Sie dem inneren, *spirituellen* Ich Gelegenheit, sich zu verjüngen. Wenn es erquickt ist, kann es die Realität um Sie beherrschen.

Dieser Tag geht gut. Ich fühle mich erfolgreich. Ich fühle mich stark. Es ist Schönheit in allen Dingen.

Nehmen Sie diesen Augenblick, um die Energie Ihres Körpers zu verstärken. Ihre Fähigkeit, sich im Tag auszudrücken, ist eng mit Ihrer körperlichen Stärke verbunden. Sie können schwerlich positiv und stark sein, wenn Ihr Körper nicht darauf anspricht. Da Sie auf der physischen Ebene existieren, ist dies ausschlaggebend.

Wenn Ihre Mittags-Affirmation durch einen Augenblick des Ruhens und der Verjüngung ergänzt wird, werden Ihre Worte durch physische Vitalität verstärkt.

Stellen Sie sich vor, wie jeder Teil Ihres Körpers kraftvoll anspricht, sehen Sie, wie Licht in jedes Molekül Ihres Seins eindringt. Sehen Sie Ihre Kraft wachsen, und beobachten Sie das Maß der Zeit, wenn Sie arbeiten. Sehen Sie alles fließen.

Achten Sie darauf, daß Ihre Nahrung mittags nicht so schwer ist, sonst wird Ihre Energie wieder zunichte gemacht, besonders dann, wenn Sie ein Projekt abzuschließen haben. Sie sollen wissen: Sobald Sie Alkohol oder große Mengen von Kohlehydraten und Eiweiß zu sich nehmen, steht Ihr Körper erst einmal still. Das braucht er, um zu verdauen, was Ihre Energie augenblicklich verringert. Wenn Sie einen wichtigen Termin haben und alle Kraft dafür benötigen, dann sollten Sie dies nicht im Anschluß an eine Mahlzeit einplanen. Ihre Fähigkeit, mit der Realität umzugehen, ist dann geringer.

Es gibt bestimmte Zeiten in der Woche, die kraftvoller sind. Sie sollten zum Beispiel niemals an einem Freitag einen Termin mit der Bank vereinbaren, um die Finanzierung eines neuen Projekts zu besprechen, und vor allem *nie* für Freitag nachmittag. Wie gut Ihr Plan auch sein mag: Der Mann, mit dem Sie sprechen, ist in Gedanken schon »zum Fischen« gegangen, selbst wenn er von Zeit zu Zeit höflich nickt. Ihre Idee wird nicht einschlagen.

Die ersten Stunden am Montagmorgen sind ebenfalls eine schlechte Wahl. Die Menschen verbringen das Wochenende damit, an die Dinge zu denken, die sie am Montag im Büro machen müssen. Wenn sie dort ankommen, brauchen sie erst ein paar Stunden, um in Gang zu kommen. Wenn Sie also früh da sind, stören und irritieren Sie die Leute.

Freilich ist jede Situation anders, aber im allgemeinen sind die Vormittage am Dienstag, Mittwoch oder Donnerstag am günstigsten, um neue Ideen zu besprechen oder um sich vorzustellen. Die Nachmittage der Wochenmitte sind gut für Verabredungen geeignet. Gehen Sie zu Ihrer Besprechung, ohne vorher etwas gegessen zu haben und sehen Sie zu, daß Ihre Verhandlungspartner ordentlich gegessen haben. Günstig ist es, Sie selbst laden sie ein. Stopfen Sie die Leute voll. Sie selbst knabbern an einem Knäckebrot. Der beste Gesprächspartner, den ich je kennenlernte, pflegte nur Wasser zu trinken. Ich sah ihn mittags nie essen. Er lud einen zum Mittagessen ein, kaufte einem, was man sich nur wünschte – aber er selbst trank nur Wasser. Ich bemerkte, daß er im Leben bekam, was er wollte.

Wenn Sie diszipliniert sind und mit Ihrer Energie während des Tages gut haushalten können, werden Sie bald merken, daß Sie mehr Zeit für sich selbst haben. Die tägliche Arbeit wird Ihre Energie nicht verbrauchen. Und wenn Sie schließlich mehr Zeit für sich selbst haben, können Sie diese kreativer verbringen; Sie werden die Reserven haben, die Sie brauchen. Jene wenigen Augenblicke für Affirmationen und Innenschau geben Ihnen die Möglichkeit, Ihre innere Energie ebenso wie Ihre physische Kraft zu regenerieren.

Hier sind einige Mittags-Affirmationen:

Dieser Tag sieht gut aus. Ich fühle mich erfolgreich. Ich fühle mich stark. Es ist Schönheit in allen Dingen.

Mein Durchhaltevermögen ist stark, die Menschen sprechen auf meine Energie an. Ich fühle mich kreativ, ich fühle Liebe, weil ich mich selbst liebe und achte.

Ich habe meine Zeit ganz unter Kontrolle. Ich weiß mich geführt, ich fühle mich in Ordnung, und so ziehe ich Ausgewogenheit und Ordnung zu jeder Zeit an.

Meine Kreativität fließt aus meinem Innern. Ich ziehe alles an, was ich je brauchen werde.

6

Ihr Wort als Gesetz

Ihr Wort als Gesetz – dieser Gedanke wurde bereits in meinem Buch »Die Kraft ohne Grenze« kurz gestreift. Nun wollen wir ihn eingehender und in bezug auf seine Gültigkeit bei Affirmationen betrachten.

Zuerst müssen Sie wissen, wie ein Selbstbild entsteht. Bei der Geburt beginnt das Denken damit, jedes, aber auch jedes einzelne Ereignis in Ihrem Leben aufzuzeichnen. Es geht nichts verloren. Manche Aufzeichnungen verblassen im Laufe der Zeit, aber in Ihrem Unterbewußtsein sind sie immer noch als Teil der Realität vorhanden und können in der Hypnose abgerufen werden.

Während der ersten achtzehn Lebensmonate verbrachten Sie viel Zeit mit Schlafen oder in Bereichen der tiefen Ebenen der Gehirnstromaktivität. Dabei saugten Sie die Atmosphäre Ihrer Umgebung auf, und selbst wenn Sie intellektuell noch nicht verstehen konnten, was gesprochen wurde, das »Fühlen« hinter den Worten der Menschen Ihrer Umgebung nahm Ihr Denken auf, und es sank in Ihr Unterbewußtsein.

So entstand eine Ausgangsbasis für Ihr Verhalten und Ihre Erfahrungen, und so wurden Sie eingeführt in die Energie des Kreises. Als Sie sprechen lernten, begannen Sie zu begreifen, daß Ihre Umgebung beeinflußbar war. Sie konnten sagen: »Mama, gib mir ein Eis«, und Sie bekamen, was Sie wollten – besonders, wenn Sie Ihre Forderung mit genügend Nachdruck zur rechten Zeit und am rechten Ort vorbrachten. Ihr Denken lernte, Ihre Wünsche zu verwirklichen, zum richtigen Zeitpunkt und mit dem passenden Gefühlsausdruck. Sie erfuhren, daß eine um drei Uhr morgens geflüsterte Bitte um ein Eis nicht so erfolgreich war, wie wenn Sie sie mit höchster Lautstärke mitten im Supermarkt hinausbrüllten und dabei mit Schwung und viel Krach die Dosen aus einem Regal fegten, was Ihrer armen Mutter natürlich sehr peinlich war.

Als Sie älter wurden, lernten Sie weitere Techniken der Selbstverwirklichung. Mit drei oder vier Jahren entfalteten Sie die ersten Anzeichen von Intellekt, was Ihnen noch mehr Macht gab. Sie konnten sich Gedanken über die Zukunft machen. Sie sagten etwa: »Papa, gehen wir morgen an den Strand?« und so fanden Sie einen weiteren Weg zur Befriedigung Ihrer Wünsche.

Und Sie wurden älter, Ihr kindlicher Charme schwand, und Sie entdeckten, daß Ihre Fähigkeit, die Realität zu beeinflussen, begrenzt war. Sie baten Ihre Eltern um etwas, und es wurde Ihnen verweigert. Sie versuchten, Ihr physisches Revier zu erweitern, gingen die Straße entlang, doch Ihre Mutter schleppte Sie wieder zurück. Und so begann Ihr Denken, Grenzen und Beschränkungen zu programmieren. Es gab Dinge, die konnten Sie tun, und andere konnten Sie nicht tun. Oft genug sahen Sie keine Gründe für Erfolg oder Scheitern. Es hatte mit den Launen der für Sie Sorgenden zu tun. Deshalb entwickelte sich ein Unsicherheitsaspekt in Ihrem Leben.

Ihre Möglichkeit, Geschehnisse zu verwirklichen, war sehr begrenzt. Um dem entgegenzuwirken, lebt ein Kind in seiner eigenen Phantasiewelt. Hier kann es sich mächtig fühlen und ein Selbstbild aufbauen. Vergessen Sie nicht: Das Kind ist eigentlich kein Kind, sondern ein grenzenloses Höheres Selbst in einem kleinen Körper. Weil es einer Frau nicht möglich ist, einen erwachsenen Menschen auszutragen, ist die Kindheit ein notwendiger Teil unserer Lebensdimension. Auch wenn sie gespickt ist mit Komplikationen und Schwierigkeiten, bietet sie dem Höheren Selbst doch einen behüteten Start ins Leben. Sie gibt Ihnen Zeit, sich mit Ihrer Anwesenheit auf der physischen Ebene abzufinden und sie zu akzeptieren. Das kann eine Weile dauern. Viele Menschen sprechen von einer großen Scheu und Traurigkeit in der Kindheit, wenn ihnen klar wird, daß sie im Physischen stecken. Oft spricht ein Kind über Wesen in anderen Dimensionen, und ich halte dies für einen Teil seiner ursprünglichen Erinnerung, einen Teil seines inneren Wissens. Man akzeptiert allmählich den Umstand, daß man sich auf der physischen Ebene aufhält, empfindet aber trotzdem Trauer, seine lichte Heimat verlassen zu haben, um hierher auf die Erde zu kommen.

Mit Hilfe der Phantasie also kann sich der Mensch mit seinem Unvermögen versöhnen, seine Umgebung vollkommen zu erleben oder zu beherrschen. Ihre Eltern haben zu dieser kraftlosen Empfindung beigetragen, indem sie Ihnen nicht mehr Freiraum gewährten. Wenn Sie versuchten, Ihren Erfahrungsbereich zu erweitern, ein Selbstbild oder Selbstverwirklichung zu entwickeln, wurden Sie in Ihrem Beginnen oft gestoppt, sei es, weil es für Ihr zartes Alter gefährlich war, oder weil (so seltsam das auch klingen mag) Ihre Eltern instinktiv wußten, daß Sie, das Kind, eine Macht besaßen, die sie verloren hatten, daß Ihre Kraft metaphysisch größer war als die ihre. Auf einer inneren Ebene wissen dies alle Eltern, und um zu bekämpfen, was eine grundsätzliche Bedrohung des Elternbildes darstellt, setzen sie dem Kinde engere Grenzen, als es für dessen Sicherheit wirklich notwendig wäre.

Wenn der Mensch alt genug ist, selbst Vater oder Mutter zu werden, hat er einen Denkstandard entwikkelt, der Resultat seiner Lebenserfahrung ist. Einer Mutter fällt es sehr schwer zu akzeptieren, daß das Baby in ihren Armen tatsächlich mehr in Harmonie und geborgen ist als sie selbst. Was nun geschieht ist, daß ihre Lebenserfahrung und der daraus resultierende Denkstandard auf das Kind übertragen wird, und so wird dessen Entwicklung beengt. Diese Beengung ist ein allgemein akzeptierter Teil des Daseins im Physischen, und ich glaube, daß er vom Höheren Selbst vorausgesehen war. Die übergestülpten Erfahrungsmuster Ihrer Eltern, ihre Überzeugungen und Denkgewohnheiten sperren Sie in eine Bewußtseinsdimension, ausgerüstet mit Beschränkung und Einengung.

So entstehen im Geist des Menschen Kommunikationslinien, Verbindungen, die starre Muster bilden. Das Kind hat eine Idee, und anstatt frei und flexibel zu sein, folgt es der Linie oder Verbindung, die ihm vorgegeben worden ist. Die Phantasie des Kindes ist ein verzweifelter Versuch, solche eingefahrenen Geleise oder Linien zu überqueren oder zu umgehen und ein individuelles Bewußtseinsmuster zu wahren. Aber dieser Kampf ist nicht von langer Dauer, diese Phantasie-Periode wird von den Eltern nur kurz geduldet. Früher oder später verlangen sie von Ihnen, daß Sie ernsthaft werden, sich beruhigen und den Denkmustern anpassen, die sie für angebracht halten.

Als Kind stülpten Sie sich eine Papiertüte auf den Kopf und verkündeten: »Ich bin der Häuptling des Uli-Guli-Stammes.« Ihr Vater antwortete darauf: »Höre auf mit diesem Quatsch und steig ins Auto.« So begann Ihr Denken, eine kraftlose Schwäche zu erleben. Wenn Sie etwas sagten, wurde es in den meisten Fällen abgetan oder ignoriert. Daß Ihr Wort galt, erlebten Sie nie. Ja, praktisch jeder andere schien Macht über Sie zu haben, sogar völlig fremde Menschen. Als Ihre Psyche, Ihr *inneres Selbst*, diese Umkehrungen seiner Phantasie-Muster erlebte, mußte es Wege finden, mit seiner Verstimmung fertigzuwerden. Es gelang ihm allmählich zu akzeptieren, daß es keine absolute Realität erschaffen konnte, und so degradierte es seine Einfälle, Worte und Gedankenformen als unwichtig und nicht real.

Vielleicht sagten Sie einmal: »Ich kann ein großer Geiger sein«, aber wenn jemand nachfragte, machten Sie einen Rückzieher und gaben vor, nur Spaß gemacht zu haben. Natürlich war es nicht so. Das Gefühl hatten Sie im Innern, aber die Gedankenform hatte es schwer, dem Selbstwert Ausdruck zu geben. Was andere denken war wichtiger. Ist es nicht interessant, daß unser Denken einem Fremden glaubt, der vielleicht zwanzigmal mehr außer Kontrolle ist als wir, und nicht uns selbst?

Diese Untüchtigkeit unseres Denkens wird von der Gesellschaft laufend unterstützt. Wie oft hat schon jemand zu Ihnen gesagt: »Sei doch nicht töricht. Das ist nicht logisch. Es ist nicht erlaubt. Es ist nicht möglich. Es ist nicht fair. Es ist nicht recht. Es ist nicht dies und nicht jenes.« Um Ihre Unfähigkeit, durch Bewußtsein Realität zu erschaffen, zu entschädigen, gibt Ihr Denken vor, seine Wünsche seien nicht wichtig. Wenn sich dann etwas nicht verwirklicht, kann das Denken oder Ego sagen: »Ich hatte ohnehin nicht damit gerechnet.« Immer wieder korrigieren wir unsere Erwartungen, um sie der enttäuschenden Realität anzupassen.

Mein Wort ist für mich Gesetz. Indem ich an die Stärke meiner eigenen Realität glaube, materialisiere ich alles, was ich in meinem Leben will.

Um Ihr Wort als Gesetz zu erleben, müssen Sie anfangen, überlegt zu handeln und zu sprechen. Allzuoft platzen wir mit einem Versprechen oder Gedanken heraus, ohne ihm eigentlich konsequent folgen zu wollen. Wenn Sie beginnen, sich selbst als Bewußtseinskraftwerk zu sehen, erkennen Sie allmählich, daß Sie Kraft haben, daß Sie Macht haben, nicht nur Ihr Leben, sondern auch das Leben anderer und der Welt um Sie herum zu verwandeln.

Während diese Kraft sich in Ihnen entwickelt, werden die Worte, die Sie sprechen, zu Symbolen der Kraft. Es ist, als seien Sie nun ein Repräsentant der Urkraft, und alles, was Sie sagen, können Sie auch vollbringen. Das Ego hat die Gewohnheit, übereilte Versprechen zu geben, um eine unangenehme Situation einfach hinauszuschieben oder zu erleichtern. Weil das Ego sich danach verzehrt, geliebt und anerkannt zu werden, versucht es, jeden zufriedenzustellen.

Das Ego hat die Aufgabe, das Überleben der Identität zu sichern. Um die Möglichkeit tödlicher Konflikte oder Gefahren für sich zu vermindern, sucht es Anerkennung und Billigung von möglichst vielen Menschen. Dieses Ziel verfolgt es auf vielen verdeckten Wegen. Es zeigt ein falsches Bild von sich in der Hoffnung, daß die Welt es gut und liebevoll betrachtet und nicht bedrohlich empfindet. Das Ego weiß nämlich, daß es, wenn es Schwäche ausdrückt, von den anderen leichter akzeptiert wird, denn diese fühlen sich dann besser und weniger bedroht. Das hilft dem Ego, sein eigenes Überleben zu sichern.

Je machtvoller Sie werden, desto mehr werden Sie sich von der Welt absetzen, denn diese ist im Grunde schwach. Teil dieser Ablösung ist Ihre Fähigkeit, sich von dem Denkstandard und den Gefühlen der Gesellschaft zu distanzieren. Vergessen Sie nicht: Die Gesellschaft beherrscht Sie, indem sie Sie glauben macht, Sie seien ihr gegenüber irgendwie verantwortlich oder zumindest verpflichtet. Das ist natürlich nicht wahr. Die Gotteskraft verlangt nicht von Ihnen, daß Sie etwas unterstützen oder nicht unterstützen. Dies ist Ihre Entscheidung. Um diesem Eindruck gerecht zu werden, versuchen wir zumeist, das zu tun, was man von uns erwartet, wir passen uns an. Wenn Sie einmal soweit sind, daß es Ihnen gleichgültig ist, ob Sie die Leute mögen oder nicht, können Sie deren Manipulation unterbinden und ein Gefühl vollkommener Unabhängigkeit erreichen. Das ist kein einfacher Prozeß, denn Sie wurden ja schon als Kind programmiert, Zustimmung anzustreben, indem Sie ständig tun, was die anderen wollen. Wenn Sie das einmal hinter sich gelassen haben, ist der Himmel Ihre Grenze.

Wenn Sie die Manipulationen der Gesellschaft beobachten, können Sie sie dann auf liebevolle Weise verstehen. Die Menschen haben Bedürfnisse, sie haben Ängste, sie haben ihre emotionellen Kämpfe. Gewöhnlich, wenn Ihre Energie absackt, versuchen Sie, sich an einem anderen zu halten. Es geht nun darum, andere zu unterstützen, ohne sich von ihnen beherrschen oder schwächen zu lassen. Gehen Sie also emotionell unbeteiligt mit den anderen um, halten Sie ein wenig inneren Abstand und helfen Sie ihm, wieder Energie zu erhöhen. Das Problem ist, daß man uns lehrte, Emotionen einzusetzen, um zu bekommen, was wir wollen, und so belasten wir andere mit diesen, auch wenn unser Verlangen nicht immer vernünftig ist. Das gilt für Freunde und für die Familie. In solchen zwischenmenschlichen Beziehungen ist das Manipulieren und Manipuliertwerden ausgeprägter. Ich meine, es ist möglich, auch mit nahestehenden Menschen gerecht umzugehen, ohne in einen Sumpf von Verpflichtungen und Verbindlichkeiten gezogen zu werden, was keinem dient.

Letztes Jahr forderte ich einen Bekannten auf, eines meiner Seminare zu besuchen. Er war erfreut und wollte gerne kommen. Es hätte ihm bestimmt geholfen. Aber er mußte mir absagen, weil das Seminar auf einen in seiner Religion heiligen Tag fiel. An diesem Tage pflegte seine Familie sich zu einer Art Gottesdienst und einem rituellen Mahl zu treffen. Ich fragte ihn, was an diesem Tage denn so besonders sei. Er antwortete, der Tag werde als heilig betrachtet, weil es der Jahrestag eines großen Sieges in einer Schlacht sei, den Gott seinem Stamm geschenkt habe. Ich wollte wissen, wann diese Schlacht stattgefunden habe. Mein Freund war nicht ganz sicher, meinte aber, es sei mindestens zweitausend Jahre her.

Bei weiteren Erkundigungen stellte sich heraus, daß der Stamm meines Freundes seinerzeit einen anderen Stamm vernichtend geschlagen und Tausende von Menschen getötet hatte. Und aus Dankbarkeit, daß er die Gegner niedergemetzelt hatte, entschied sein Stamm, daß Gott ihm diesen Sieg geschenkt habe; deshalb war dieser Termin fürderhin als Dank- und Gedenktag des zeremoniellen Rituals zu begehen. Wenn ich Gott wäre, würde ich dafür sorgen, daß man mich mit solchen Dingen nicht in Verbindung bringt.

Aber befassen wir uns nun mit der Situation meines Freundes: Ein erwachsener Mann, äußerst gescheit und kreativ, ist am Ende des zwanzigsten Jahrhunderts nicht imstande, etwas zu unternehmen, weil er sich Sorgen darüber macht, was seine Angehörigen von ihm denken könnten, wenn er nicht beim rituellen Mahl zur Feier eines Massakers erschiene. Warum meinte er, so etwas feiern zu müssen? Weil der Sieg gut für den Stamm war, und weil man den Sieg zum Willen Gottes erklärt hatte. Den Sieg nicht zu feiern, war deshalb gegen den Willen Gottes. So hatte er es als Kind von seiner Mutter gelernt und als Realität geschluckt. Als ob die Gotteskraft in all ihrer Herrlichkeit sich um ein Stamm-Massaker oder ein Familienfestmahl scheren würde.

Der springende Punkt ist: Wenn Sie Freude an Familienritualen haben, dann beteiligen Sie sich daran, aber erlauben Sie sich auch die Freiheit wegzubleiben, wenn es Ihnen nicht paßt. Versuchen Sie einmal: Statt an Weihnachten im Kreise der Familie einen dummen Truthahn zu essen, der mit Toxinen vollgestopft wurde, erklären Sie beim nächsten Mal Ihren Lieben, daß Sie lieber in ein chinesisches Restaurant gingen. Aber warten Sie damit unbedingt bis circa acht Uhr am Weihnachtsabend. Dann treten Sie einen Schritt zurück und schauen zu, wie die Funken fliegen!

Wenn es Ihnen gelingt, sich von dem Verlangen nach

Anerkennung zu lösen, werden Sie frei. Sie verstehen nun: Was die Leute über Sie denken, ist Teil ihrer Entwicklung, aber nicht ein Teil der Ihren. Ihre Identität und Ihre Entwicklung sind zwei unterschiedliche Dinge. Wenn Sie sich an dieses Gefühl gewöhnen, brauchen Sie sich nicht mehr den anderen anzupassen. Sie brauchen nicht nett oder höflich oder lieb oder langmütig oder begütigend zu sein. Denken Sie daran, die Gotteskraft ist unparteiisch, sie verlangt nicht, daß Sie sich für andere aufopfern oder irgend etwas aufgeben. Wenn Sie dies trotzdem tun, dann ist das Ihr Wunsch, nicht der der Gotteskraft.

Unsere Erziehung beruht eben auf der emotionellen Manipulation durch andere. Sie benützen verschiedene Formen der Pflicht, Ehre, Notwendigkeit, Angst, Familien-Verpflichtungen und negative Emotionen, um uns dazu zu bringen, Dinge zu tun, die sie von uns wollen. Wenn Sie einmal erkennen, was sie Ihnen antun, können Sie auf Distanz gehen und Ihre Entscheidungen selbst treffen, selbst wenn diese Entscheidungen manchmal unpopulär sind. Und das werden sie häufig sein: Die Menschen reagieren leidenschaftlich, wenn Sie auf ihre Manipulationen nicht ansprechen.

Je machtvoller und unabhängiger Sie werden, je weiter Sie sich entwickeln, desto besser verstehen Sie, daß Sie niemandem zu gefallen und sich anzupassen haben, wenn Sie es nicht selbst wollen. Sie brauchen den Leuten also nichts zu versprechen, um dafür Anerkennung einzuhandeln, denn es kümmert Sie nicht mehr, ob Sie anerkannt werden oder nicht. Tatsache ist: Wenn Sie die Gotteskraft im Innern machtvoll zum Ausdruck bringen, entwickeln Sie ein höheres Empfinden der Freiheit, und die Menschen werden automatisch darauf ansprechen. Sie nehmen Ihre Stärke wahr und verstehen, daß Sie für sich stehen können. Das entspannt sie, denn es bedeutet, daß sie Sie in keiner Weise stützen müssen. Aber denken Sie daran, die Menschen werden auch die natürliche Tendenz zeigen, Ihnen zu gefallen und angepaßt zu sein. Ihre Stärke bedeutet, daß sie sich entspannen können und einen Energiezustrom von Ihnen erwarten.

Wenn Sie sich einmal den Menschen nicht mehr anpassen müssen, können Sie anfangen, überlegt zu handeln. Das heißt, Sie wägen Geschehen und Entscheidung im Licht Ihrer eigenen Bedürfnisse und Ihres eigenen Wachstums ab. Wenn Sie dann jemand helfen wollen, tun Sie dies freiwillig, nicht aus dem Gefühl der manipulierten Verpflichtung. Durch Aufrichtigkeit und überlegtes Handeln bewegen Sie sich sanft und liebenswürdig durch den Tag. Sie rennen nicht, Sie hetzen nicht und setzen sich selbst den zeitlichen Rahmen, der Ihnen angenehm ist.

Ich bin, was ich bin, und das ist meine Entwicklung. Was andere von mir wahrnehmen, ist Teil ihrer Entwicklung.

Wenn Sie einmal in dieser entspannten Kraft ruhen, werden Sie anfangen, auf Ihre Worte zu achten. Kommen Sie aus Ihrer Stärke oder beabsichtigen Sie, andere glücklich zu machen? Meinen Sie wirklich, was Sie sagen, oder geben Sie sich mit Halbwahrheiten und Platitüden ab, um dem auszuweichen, was vor Ihnen liegt? Wenn Sie darauf achtgeben, werden Sie merken, daß Unterhaltung oft nur leeres Geplapper ist: Versprechen, die nie eingehalten werden, Ideen, die sich nie verwirklichen, Träume, die nie wahr werden, und so weiter. Haben Sie sich einmal gefragt, warum die Leute so reden? Das tun sie, weil sie ihre Worte nicht als Gesetz erleben. Sie rechnen gar nicht damit, daß ihre bewußten Gedanken Wirklichkeit werden, und so spielen sie ihre Phantasie-Spielchen weiter, die auf die Nicht-Wirklichkeit der Kinderzeit zurückgehen und auf das unangenehme Gefühl, nicht die Macht zu besitzen, auf der physischen Ebene die Dinge zu erreichen oder zu bekommen, die sie wünschen. Das schwächt sie.

Wenn Sie über die Idee *»Worte als Gesetz«* nachdenken, beachten Sie folgendes:

Erstens, geben Sie niemals jemandem Ihr Wort, um ihm zu gefallen. Sie werden das nur tun, wenn Sie Versprechen, die Sie geben, ernst meinen. Wenn die Leute wollen, daß Sie etwas gegen Ihren Willen tun, erklären Sie liebenswürdig und höflich, daß dies Ihren Wünschen nicht entspricht. Weiter werden Sie Ihr Wort nur selten geben – und niemals, wenn Sie es nicht müssen. Es ist so einfach zu sagen: »Tut mir leid, aber ich kann diese Zusage nicht geben.« Denken Sie daran: Der Mensch ist es gewöhnt, vertröstet zu werden. Er stellt dauernd Forderungen, die, wie er weiß, nicht sofort erfüllt werden. Und er akzeptiert ein »später« als einen natürlichen Teil der Realität. Wenn Sie beschließen, sich nicht zu verpflichten, reduzieren Sie die Möglichkeit, jemanden zu enttäuschen. Weiter: Wenn Sie jemals Ihr Wort geben, werden Sie Ihrer Verpflichtung hundertprozentig gerecht. Wenn die Umstände es nicht zulassen, werden Sie dies nutzen, um etwas über die Mechanik des Bewußtseins zu lernen und beim nächsten Mal eine ähnliche Situation vermeiden.

Wenn Sie sich diese Disziplin im Umgang mit anderen angewöhnen, können Sie anfangen, sie bei sich selbst anzuwenden. Wenn Sie sich vornehmen, bei Tagesanbruch aufzustehen und fünf Kilometer zu laufen, dann lassen Sie dem Ego keine Chance, Sie mit Ausreden einzulullen. Und auch hier werden Sie sich nichts versprechen, wenn Sie es nicht wirklich halten wollen. Wenn Sie in dieser Haltung fest werden, verlassen Ihre Gedanken das Reich der Phantasie und des leeren Plapperns und führen zu einer absoluten Manifestation der Gotteskraft. Ihr Wort wird zum Gesetz, weil Sie ihm Bedeutung und Gewicht geben. Es hat Realität. Wenn Sie sagen, es wird geschehen, so wird es geschehen, wie es auch sei.

Allmählich werden Sie es erleben, anderen oder sich selbst Ihr Wort zu geben und es auch einlösen. Dieses Erleben wird zur Affirmation. Sie werden sich als kraftvolles menschliches Wesen fühlen. Jedesmal, wenn Sie eine Aufgabe erfüllen, entfernen Sie sich weiter von den Schwächen der Kindheit. Das Zentrum Ihres Bewußtseins oder Wollens wird sich von der Phantasie in die Realität verlagern.

Das Leben ist nicht länger Spekulation oder Traum; es ist etwas, das Sie tatsächlich erfahren. So wie Ihre Gedankenformen und Worte Kraft gewinnen, wird die Parabel der Energie, auf der Sie durch das Gesetz des Universums ziehen, immer kürzer und intensiver. Sie können wahrnehmen, wie Ihre Worte und Gedanken schneller vom Bewußtsein in die Realität übergehen.

Wenn Sie affirmieren: »Ich bin Kraft«, wird aus leerem Gestammel eine absolute Manifestation Ihres Wortes als Gesetz. Halten Sie einen Augenblick inne und sprechen Sie dieses Wort laut zu sich selbst. Ist Ihre Stimme fest und sicher oder zögernd? Daraus können

Sie ablesen, wie stark die Kraft Ihrer Worte als Gesetz ist. Die Frage lautet: Schaffen Sie es auf der Energie-Ebene? Wenn nicht, wollen wir daran arbeiten, wie Sie Worte gebrauchen und sie in die Realität umsetzen. Bald werden Sie eine stärkere Konzentration Ihres Bewußtseins erleben, die sich zu Ihrem Wohl auswirkt.

Affirmationen der Individualität:

Ich teile meine Bedürfnisse mit. Dadurch bekomme ich vom Leben, was ich will.

Ich spreche und handle wohlüberlegt. Ich habe mein Leben jederzeit in der Hand. Ich durchlebe diesen Tag mit Kraft und Stärke als Individuum und nach Gutdünken.

Ich bin, was ich bin, und das ist meine Entwicklung. Was andere von mir wahrnehmen, ist Teil ihrer Entwicklung.

Ich liebe die Menschheit, indem ich sie sein lasse, wie immer sie will. Ich liebe mich, indem ich so werde, wie ich es mir wünsche.

7

Affirmationen des Denkens
Ihr Schlachtplan

Eine Affirmation des Denkens ist im Grunde eine Affirmation des Bewußtseins. Sie ist der Rückhalt Ihres Schlachtplanes zur Machteroberung. Dadurch bestätigt Ihr *inneres Selbst* einen Teil seines Selbstbildes. Die Gedanken, die zum Aufbau des Selbstbildes beitragen, sollten Sie sorgfältig prüfen, um sicherzustellen, daß alles, was Sie Bewußtsein werden lassen, Ihrer Stärkung dient.

Der Gedanke hilft erschaffen, er ist ein wesentlicher Teil Ihrer Realität. In Verbindung mit Handeln erschafft er Ihr Schicksal.

Vor einigen Jahren befand ich mich auf dem Flugplatz von Kano im Norden Nigerias. Wegen technischer Probleme hatte sich der Start des Flugzeuges 48 Stunden verzögert. Als es schließlich startklar war, führte man uns auf das Rollfeld und forderte uns auf zu warten. Dann erschien ein ungewöhnlich aussehender Mann auf einem Kamel. Er trug überaus phantasievolle Amtsinsignien, glänzend, mit goldenen Tressen.

Er bewegte sich auf das Rollfeld zu und trug eine etwa drei Meter lange Trompete. Neben unserem Flugzeug hielt er an und blies auf seinem Instrument einen zeremoniellen Blödsinn, dann zog er wieder ab. Verblüfft fragte ich, was dies zu bedeuten habe. Angeblich war in den fünfziger Jahren hier ein Flugzeug beim Start verunglückt; sieben Personen kamen ums Leben. Die Flugplatzleitung hatte sich daraufhin mit einem örtlichen Medizinmann beraten, der ihr erklärte, daß böse Geister das Unglück verursacht hätten. So kam man zu dem Entschluß, einen Trompetenbläser anzuheuern, um vor jedem Start alle negativen Einflüsse zu verscheuchen. Es sollte ein Art Elementaraffirmation sein, damit in Zukunft alles gut lief. Und in der Tat, es funktionierte. Seit der Bläser im Dienst war, war hier kein Flugzeug mehr verunglückt.

Doch die Sache hatte noch einen anderen Aspekt: Die ganze Prozedur dauerte etwa zehn Minuten. So lange standen alle Passagiere mit ihrem Gepäck in der Hand bei 50 Grad auf der Rollbahn; sie war heiß wie ein Backblech. Als wir zum Flugzeug pilgerten, fiel mir auf, daß einige Leute sehr wackelig aussahen. Ich dachte mir noch, daß das – besonders für ältere Passagiere – fatal sein konnte.

Wie bei den Affirmationen des Wortes ist der Schlüssel zu Ihren Gedanken das, was Sie glauben, und ob Sie das Gefühl haben, Ihr Schicksal zu beherrschen. Der unbewußte Mensch lebt ein Zufallsleben: Er begreift nicht, wie sein Schicksal sich entfaltet und nimmt an, daß die wichtigsten Dinge im Leben Glückssache seien. Und so kämpft er. Ganz allmählich, durch die Stöße und Verletzungen des täglichen Lebens, kommt der »Schlafende« zu einem gewissen Verständnis – aber das dauert ewig.

Der bewußte Mensch, der seine Entwicklung lebt, versteht, daß sein Leben sich als äußere Manifestation seiner inneren Gedanken, Gefühle und Realität entfaltet. Und so lebt er sein Leben in der heiligen Hingabe, sich selbst zu verstehen. Er sieht sein Leben als ein Symbol des *inneren Selbst* und gebraucht dieses Symbol, um das, was er ist, zu stärken und zu vervollkommnen.

In den ersten Lebensjahren ist der Geist frisch und frei von Unglück; alles ist positiv und licht. Aber im Laufe der Zeit graben die Schmerzen und Nöte des Lebens tiefe Furchen oder Spuren in die Seele, die nicht so leicht auszulöschen sind. Wenn ein Mädchen von zwölf Jahren beispielsweise nachts auf der Straße von jemandem erschreckt wird, dürfte es ihr schwerfallen, diese Angst zu überwinden, auch wenn das gleiche zeit ihres Lebens nie wieder geschieht. Selbst wenn sie erwachsen ist und fähig, für sich selbst zu sorgen, hängt die Negativität noch ätzend und gefühlsbeladen in ihrem Denken, denn sie fand nicht nur als Gedankenform, sondern in Begleitung des extrem negativen Gefühls der Angst statt.

Wenn sie nun affirmierte: »Ich fürchte mich nicht, allein im Dunkeln zu gehen«, würde sie sich die Tatsache ihrer Angst damit ins Gedächtnis rufen, was das Muster nur noch verstärkt. Wenn wir uns also mit Affirmation des Denkens befassen, müssen wir sichergehen, daß wir die Affirmationen so formulieren, daß sie für uns arbeiten.

Als Teenager hat der Mensch alles bis dahin Gelernte zu vereinbaren und eine Identität zu finden. Dieser Prozeß ist in der Regel sehr peinvoll, denn es ist schwer zu ertragen, nicht zu wissen, wer man ist. In dieser Zeit und bis ins Alter von etwa dreißig Jahren entfalten sich Schritt für Schritt Charakter und Persönlichkeit des Individuums. In dieser wichtigen Phase versucht der Mensch durch Übung und Irrtum, eine Realität für sich selbst zu erzeugen. Er setzt einen Bewußtseinszug in

Bewegung und beobachtet, ob er erreicht, was beabsichtigt ist. Oft gibt es viele Veränderungen in seinem Leben, viele verschiedene Menschen und zahlreiche Versuche, die Dinge zu meistern. Das ist normal. Jedesmal, wenn er auf widrige Umstände stößt, bringt der Mensch seine Fähigkeit mit, sie zu überwinden. Seine Kreativität und sein Anpassungsvermögen werden von seiner bisherigen Lebenserfahrung beherrscht, wie immer diese ist. Solche Konfrontationen oder Bewährungsproben legen mehr oder weniger weitreichend die Art und Qualität der Geschehnisse fest, denen das Individuum während seines restlichen Lebens begegnen wird.

Wenn der Mensch etwa dreiunddreißig Jahre alt ist, ist sein Schicksal im großen und ganzen festgelegt. Es mag sich noch wandeln, aber zur Veränderung bedarf es sehr großer Anstrengungen. Dazu wäre eine vollständige Neuorientierung notwendig, und eine solche Neuorientierung nimmt man in der Regel nicht freiwillig auf sich. Häufig wird sie ausgelöst durch ein größeres Unglück, bei dem das Leben des einzelnen irgendwie zusammenbricht. Solche Gelegenheiten könnten ein lebensbedrohender Unfall oder eine schwere Krankheit sein, in manchen Fällen auch ein persönlicher Bankrott, eine Scheidung oder der Mißbrauch von Alkohol oder Drogen.

Das Individuum hat die Gelegenheit, sich neu zu orientieren und ein neues Schicksal zu erschaffen, indem es sich dem Zusammenbruch des Selbstbildes seines Egos stellt. Manchmal wird diese Chance versäumt, und es geht eine Zeitlang bergab. Wird diese Abwärtsbewegung zu einem Dauerzustand, löst am Ende der Tod den persönlichen Konflikt. Das *innere*

Selbst sieht dann, daß sein spirituelles Weiterkommen vereitelt wird, und so zieht es sich allmählich auf diesem »Weg nach außen« zurück. Das Zurückziehen von der körperlichen Ebene ermöglicht es dem ewigen Selbst, die Kontrolle wiederzuerlangen, und in manchen Fällen wählt es diesen Weg, um sich aus einer unhaltbaren Situation zu befreien.

Je mehr die Negativität im Menschen Fuß faßt, umso stärker wird sie aufgrund der Emotion, die als Reaktion auf den Überlebenswillen des Egos entsteht. Die Emotion nämlich ist die Kraft, die der Negativität ihre Macht verleiht. Indem Sie sich vor etwas ängstigen, machen Sie es real. Ironischerweise führt der Überlebenswillen des Individuums zu dessen eigener Vernichtung. Denn es ist die Angst des Egos um seine Integrität, die seine Zerstörung anzieht. In Wirklichkeit gibt es keinen Tod – aber bringen Sie das einmal Ihrem Ego bei!

Die Geschichte der Menschheit kennt zahlreiche Überlieferungen von großen Eingeweihten, die starben und wieder auferstanden. Talmud, Mithras, Adonis, der Nazarener, der Druidengott Hu – sie alle haben den gleichen Prozeß der Ego-Überwindung durchlebt. Das Ego mußte das Leben und seine Angst vor dem Tode verlieren, damit der Mensch sich der Kraft Gottes öffnen konnte.

Sich der Negativität fernzuhalten, bedeutet, ihr Glaubwürdigkeit zu geben. Wenn Sie einmal Ihre Ängste als Teil dessen, was Sie sind, annehmen können und sie distanziert, aber liebevoll betrachten, beginnen sie, sich aufzulösen. Dabei wird Ihre Ausstrahlung in das Universale Gesetz kräftiger und wohltuender. Ihr Leben verbessert sich, und das Ego gelangt zu der Erkenntnis, daß das Desaster nicht zwangsläufig ein unverzichtbarer Bestandteil des Lebens ist.

Wir können die Welt aus endlicher, egozentrischer Sicht betrachten, Chaos und Verwüstung allerorten sehen und sagen: »Das ist schrecklich«, oder wir betrachten sie aus der Sicht der Unendlichkeit und sehen die Schönheit, die in jedem Lernprozeß zu finden ist. Das gleiche gilt für Ihr Leben: Die Negativität hilft Ihnen, Gott ähnlicher zu werden, aber nur, wenn Sie nicht dagegen kämpfen. Sie stärken Ihre positive Kraft, indem Sie über Ihre Schwäche lachen und Ihre Stärke aufbauen.

Ihre Fähigkeit, Bewußtsein ins Universale Gesetz zu geben und »das Gesetz« darauf ansprechen zu lassen, ist nur dann aufregend schön, wenn es funktioniert! Alles andere führt zu Frustration und einer weiteren Verstärkung der Negativität. Jeder Augenblick Ihres Lebens ist eine programmierte Zugabe zu dem, was bereits vorliegt. Sie affirmieren und verstärken entweder ein negatives Gedankenmuster oder ein positives. Es gibt kein Dazwischen. Wenn Sie nun erkennen, welche zerstörerische Macht das Denken ausüben kann, sollten Sie erfreut sein, denn große Chaos-Manifestationen lassen Sie begreifen, daß es auch eine Möglichkeit gibt, große, posititve Resultate am anderen Ende der Parabel zu erzielen.

Das Böse in der Welt machte Heilige möglich, genau so bereitet das Scheitern und Versagen in Ihrem Leben – und solche gibt es im Grunde nicht – die Basis für Erfolg. Doch wenn Sie auf Ihr Unglück zurückschauen und sagen: »Das ist das Energiemuster, das ich letztes Mal erlebte; dieses Mal will ich besser aufpassen«, beschränken Sie Ihre Bereiche der persönlichen Entwicklung. Negatives Denken strebt seiner Erfüllung entgegen: Je weiter Sie in Negativität absinken, desto schwieriger ist es, sich aus dem Sumpf wieder zu befreien. Die Prophetie der Negativität wird immer stärker und machtvoller, und alles, was Sie erleben, wird dazu dienen, die Wahrheit der Negativität zu bestätigen. Damit Affirmationen des Denkens funktionieren, müssen Sie in sich eine Parabel der Hoffnung und der positiven Erwartung erzeugen. Die Gedankenform »Es gibt einen Weg, und ich werde ihn bestimmt finden«, muß Ihnen zur selbstverständlichen Gewohnheit werden. Zu Anfang ist dieser Gedanke so schwach, daß er an Ihren Lebensumständen nicht viel ändert; aber wenn Sie Ausdauer zeigen und geduldig mit sich sind, wird schließlich die Kraft der positiven Erwartungshaltung siegen. Aber denken Sie daran: Wenn Sie tausend Gedanken am Tag hervorbringen und diese Zahl mit der Anzahl der Tage Ihres Lebens multiplizieren, können Sie erahnen, daß Sie da eine ansehnliche »Gefühls«-Basis erschaffen haben. Sie wird sich nur im Laufe der Zeit ändern können. Man braucht Ausdauer, wenn man den Sieg erlangen will. Und doch, wenn Sie auf das Leben großer Männer und Frauen blicken, die viel vollbracht haben, werden Sie feststellen, daß ausnahmslos alle Prüfungen zu bestehen und zu überwinden hatten – Krankheit, Zusammenbruch oder Scheitern –, bevor sie den Gipfel des menschlichen Bemühens erreichen konnten.

Bevor wir uns mit dem Wesen des Denkens befassen, wird es vielleicht gut sein, wenn Sie ein Stück Papier nehmen und Ihre größten Unglücksfälle aufschreiben. Geben Sie ihnen Namen, als handelte es sich um große Kinofilme. Wenn Sie das Unglück beim Namen nennen, soll dies ein eingängiger Name sein, etwa »Der Tag, an dem ich Nachbars Kanarienvogel aß«. Nun teilen Sie Ihr Papier in drei Spalten ein. Schreiben Sie den Namen Ihres Unglücks in die erste Spalte, und die Konsequenzen oder Folgen Ihres Handelns – was tatsächlich passierte – in die zweite. Zum Beispiel: »Ich wurde von meinem Nachbarn angezeigt«, und »Ich hatte eine Woche lang einen verdorbenen Magen«. Dann tragen Sie in die dritte Spalte ein, was Sie aus dem Erlebnis gelernt haben. Denn jede Ihrer Katastrophen barg auch eine Lektion. Sie haben sich für einen Kurs »Das tägliche Leben« eingeschrieben. Da kann Ihnen im Grunde nur ein Unglück passieren: Sie gehen zum Kurs, bezahlen Ihre Gebühr, bekommen aber den Inhalt der Lektion nicht mit. Wenn Sie eine Lektion nicht kapieren, kommt sie von neuem auf Sie zu, in abgewandelter Form. Denn die Lektionen liegen im *inneren Selbst* als Konflikte oder Schwächen und steigen schließlich wie ein Miasma an die Oberfläche, um Sie in Situationen zu führen, in denen Sie ihre Charakteristika sehen können.

Manchmal nimmt das Universale Gesetz Sie äußerst wörtlich und schickt Ihnen Ereignisse, die genaue Widerspiegelungen dessen sind, was Sie denken – aber nicht unbedingt dessen, was Sie eigentlich meinten.

Ich sollte in einer Kirche an der Ostküste der Vereinigten Staaten einen Vortrag halten. Während ich in einem Nebenraum auf den Beginn der Veranstaltung wartete, klingelte das Telefon. Eine Frau informierte mich mit schallender Stimme, daß sie eine spirituelle Lehrerin in der Gegend sei und gab mir zu verstehen, daß sie extra durch die Stadt fahren werde, um mir eine Audienz zu gewähren.

Normalerweise lerne ich gerne andere Referenten kennen. Es macht mir Freude herauszufinden, wo sie anzusiedeln sind und wie sie denken. Aber in diesem Falle wäre ich ganz froh gewesen, der aufgedrängten Begegnung auszuweichen.

Als der Vortrag begann, war sie noch nicht aufgetaucht, und ich hegte die Hoffnung, daß sie es sich anders überlegt hatte. Ich hatte bereits etwa vierzig Minuten gesprochen, als plötzlich ein gewaltiges Getöse im Hintergrund des Raumes einsetzte, und die Frau trat ein. Sie war enorm, wog mindestens drei Zentner, vielleicht auch vier. Unüberschaubare Mengen Fleisch hingen um ihr Knochengerüst herum.

Sie hatte es darauf abgesehen, Eindruck zu machen. Anstatt still in die letzte Reihe zu schlüpfen, schritt sie langsam und düster in der Mitte des Ganges nach vorn. Ich will nicht ihren Umfang kommentieren, aber wenn Sie jemals einen öffentlichen Vortrag gehalten haben, wissen Sie, wie störend es wirkt, wenn jemand später in den Saal kommt. Nur zu leicht passiert es, daß man den Faden verliert.

Jeder Schritt, den sie ging, hallte im Kirchenschiff wider; das Dachgebälk gab noch ein Echo obendrein. Sämtliche Zuhörer hatten sich mittlerweile umgedreht, um zu sehen, wer da kam; mein Vortrag war mehr oder weniger zum Stillstand gekommen. Die ganze Darbietung ihres Auftritts war dazu bestimmt, Aufmerksamkeit auf sich zu lenken – was ihr auch gelang. Bedächtig schob sie ihre gewaltigen Beine abwechselnd vor und schwenkte dabei die dazugehörige Hüfte. Der Rest ihres Körpers tat sein Bestes, um zu folgen.

Alles ging so vonstatten, bis sie in Höhe der fünften Reihe angelangt war. Es schien ihr inzwischen ein wenig peinlich zu sein, daß sie den Vortrag unterbrochen hatte, und so beschleunigte sie ihren Schritt. Leider. Ein Gemeindemitglied hatte nämlich einen großen Weidenkorb neben sich im Mittelgang stehenlassen. Die Frau hatte ihn nicht gesehen. Sie stieß mit dem Fuß daran, taumelte nach vorn und ruderte auf der Suche nach Halt vergeblich mit den Armen.

Sie kennen es: Wenn das Unglück zuschlägt, dann scheinen manche Dinge in Zeitlupe zu geschehen. Ich stand auf dem Podium, fühlte mich wie außerhalb der Zeit und beobachtete hilflos, wie die Frau über ihren imaginären Schwerpunkt stolperte und schließlich flach auf den Rücken fiel. Da lag sie nun wie ein gestrandeter Moby Dick.

Rasch eilten ihr sechs der kräftigeren Gemeindemitglieder zu Hilfe. Das Problem war nur, daß die Fleischmassen ihres Leibes schließlich den richtigen Ruheplatz gefunden hatten – nämlich über den Fußboden gebreitet – und sich beharrlich widersetzten, in die normale Senkrechtposition gehoben zu werden.

Nun, um es kurz zu machen: Schließlich hievten wir sie wieder auf die Füße und in eine der Bänke, und der Vortrag konnte weitergehen. Aber die Verlegenheit der Frau war so groß, daß sich jeder sehr gestört fühlte. Ich war selbst so aus dem Konzept geraten, daß ich eine zehnminütige Pause anberaumen mußte. Interessanterweise nahm die Frau diese Gelegenheit wahr, um sich zurückzuziehen, und ich kam nicht mehr dazu, sie wirklich kennenzulernen.

Ihre Affirmation, daß sie einen Eindruck machen wollte, muß dem Universalen Gesetz nicht ganz klar gewesen sein; es tat sein Bestes, um ihren Wunsch zu erfüllen. Ich bin sicher, daß sie diesen Tag nie vergaß.

Vermutlich geht ihr jener Abend noch ewig nach und nimmt eine Spitzenposition in ihrer persönlichen Liste der größten Desaster ein. Doch wenn sie einen Sinn für Humor hat, wird sie ihren Auftritt und Fall wohl als eine Übung im täglichen Leben abtun.

Wenn Sie die Lektionen im Leben so betrachten, sehen Sie sie im richtigen Licht. Sind Sie beispielsweise ein großer Unruhestifter, könnten Sie die Schwäche dieses Musters einsehen und daraus lernen. Darüber hinaus haben Sie das Vergnügen zu erkennen, daß die Leute im größten Desaster in Wirklichkeit Rollen in ihrem eigenen Film spielen. Wenn wir alle unsere Realität selbst erschaffen, dann gilt das auch für die anderen, die Sie in ihr Leben hineingezogen haben. Sie melden ans Universale Gesetz: »Gib mir Chaos«, und sie haben die Freundlichkeit, zur rechten Zeit bei Ihnen aufzukreuzen und Ihnen die Art von Chaos zu bereiten, die Sie bestellt hatten. Sie waren damit im Dienste einer kosmischen »Problemvermietung« tätig, und die anderen konnten daraus etwas für sich lernen. Im Bewußtsein ist alles relativ, das heißt, die anderen waren für das Geschehen ebenso verantwortlich wie Sie. Auch wenn sie auf den ersten Blick wie unschuldige Opfer erscheinen, sind sie das nicht.

Ich gewähre mir Vergebung und vollkommene Absolution. Denn meine Energie hat sich nun gehoben, über alle Fehler hinweg, die ich in der Vergangenheit gemacht habe.

Wenn Sie sich ein wenig Zeit nehmen, um einiges von dem alten Schutt auszuräumen und sich wegen Ihrer Schwächen zu lieben, lernen Sie, die gleiche wunderbare Großherzigkeit zu zeigen, die die Gotteskraft für Sie hat. Die Tatsache, daß Sie nicht vollkommen sind, ist hervorragend, denn wenn Sie vollkommen wären, befänden Sie sich nicht auf dieser Erde. Sie würden sich auch gar nicht darum bemühen, hier zu sein.

Die Lektionen auf dieser Erde sind wichtig. Haben Sie sich je gefragt, warum die Gotteskraft soviel Chaos zuläßt? Entweder betrachtet die Gotteskraft es als hilfreich und schön, oder sie ist anderer Meinung. Wenn sie das Chaos nicht als nützlich betrachtet, warum bringt sie es dann nicht in Ordnung? Die Antwort lautet natürlich: Sie kann es nicht. Als die Entwicklung des Menschen einmal in Gang gebracht war, mußte sich die Gotteskraft zurückziehen und uns allen die Sache hier überlassen. Ich bin überzeugt, daß die dem Ego innewohnende Schwäche vorgesehen ist. Doch der Mensch als Art muß überleben, und so sind alle Schwierigkeiten, die wir überwinden müssen, nur ein natürlicher Teil unseres Kurses.

Wenn Sie die Welt und Ihr Leben einmal aus dieser freundlichen Perspektive sehen, beginnt die Negativität, angesammelt über Jahre, nachzulassen, und Sie können sich von dem Schicksal des Menschen distanzieren. Das wiederum hilft Ihnen weiterzuschreiten, und wenn Sie diesen Schritt gemacht haben, ist eine Affirmation des Denkens sinnvoll.

Gedanken können auf drei Wegen bekräftigt werden: Erstens aus der Qualität der »Lebenskraft«, die sie aufrechthalten. Es ist, als ob die Gedankenformen, die Sie erzeugen, einen wesentlichen Wert, eine Integrität besitzen, und diese Integrität wird zum Teil durch die »Lebenskraft« im Gedanken bewahrt. Die Gedankenform wird durch Bewußtsein erschaffen, erhält ihre Energie aber aus der »Lebenskraft«. Sie können affirmieren: »Heute ist mein Tag, und ich fühle mich wohl«, aber wenn dieser Gedanke kein Licht besitzt, wird er sich rasch auflösen, und Ihre Stimmung schlägt um. Es ist die »Lebenskraft« im Gedanken, was ihm Dynamik verleiht.

Stellen Sie sich den Gedanken als einen Pfeil vor. Wenn ein Gedanke den Bogen Ihres Geistes verläßt, verflüchtigt sich seine innere Stärke je nach der Menge an Lebenskraft, die er enthält. Die Lebenskraft aber erzeugen Sie. Wenn Ihr Energiepegel abgesunken ist, ist auch die Kraft Ihrer Gedanken gering. Es gibt nichts Mächtigeres als Ihre innere Lebenskraft. Sie ist die eigentliche Essenz Ihres Wesens, und genau dieser Teil Ihres Wesens wird Sie aus dem weltlichen, alltäglichen Leben hinausführen. Genau dieser Teil verbindet Sie mit allen Dingen und ist die Stimme, die aus der Unendlichkeit zu Ihnen ruft und nur manchmal vernommen wird.

Die Lebenskraft in Ihren Gedanken ist ein Maß Ihrer persönlichen Kraft. Ohne sie können Sie in der physischen Dimension nichts leisten. Wenn Macht sie beunruhigt, wenn Sie das Gefühl haben, Macht sei nicht heilig oder gegen den Willen Gottes, oder Sie würden irgendwie nicht erlöst, wenn Sie machtvoll werden, dann verstehen Sie das Universale Gesetz nicht. Der bloße Umstand, daß die Macht auf der Welt mißbraucht wird, heißt doch nicht, daß sie Sie verdirbt. Mit Verständnis und Liebe kann man sehr wohl machtvoll werden, ohne die Macht zu mißbrauchen. Aber wenn Sie sich nicht konzentrieren und an Ihrer persönlichen Macht arbeiten wollen, gleichen Sie einem Schlafenden, der unfähig ist, sein Leben durch Überzeugungen oder Handeln selbst zu formen.

Die *Macht* Ihrer Lebenskraft zeigt sich auf verschiedene Weise. Zunächst äußert sie sich durch Ihren Körper. Was Sie auch sind und was Sie in diesem Leben auch hervorbringen, trägt den Fingerabdruck Ihrer Körperenergie. Das läßt sich nicht vermeiden. Sie können nicht auf den inneren Ebenen einen Gipfel erreichen, wenn Sie nicht auch an Ihrem Körper gearbeitet und diesen auf seine höchste Ebene geführt haben. Die wichtigsten Lektionen der physischen Ebene sind naturgemäß durch den Körper zu lernen. Wenn Sie sich nicht mit Ihrem Körper beschäftigen – wenn Sie ihn langweilig finden, sich vor ihm fürchten, oder wenn Sie sich so sehr für einen Teil höherer Dinge halten, daß Ihnen der Umgang mit Ihrem physischen Körper unwichtig erscheint, dann haben Sie die Lektionen dieser irdischen Ebene versäumt. Stellen Sie sich vor, wie Sie eines Tages auf Ihr Leben und alle Ihre Anstrengungen, die es mit sich brachte, zurückblicken und feststellen: »Wäre ich nur nicht so töricht gewesen. Wäre meine Spiritualität nur nicht so unecht gewesen, wäre ich nur nicht dem Körperlichen ausgewichen, hätte ich nur...«

Um ganz in der physischen Welt zu sein, müssen Sie sich im irdischen Leben erfüllen. Dazu gehört, die Welt zu verstehen, Intellekt und Kreativität zu entfalten, die Emotion zu überwinden, Ihre Finanzen unter Kontrolle zu haben und ebenso Ihren physischen Körper. Kontrolle bedeutet, daß Sie ständig an Ihrem Körper arbeiten. Das heißt nicht, daß es keine Unausgeglichenheit gäbe, sondern daß Sie die Verantwortung für diese übernehmen. Sie müssen sehr diszipliniert an den Unausgeglichenheiten arbeiten; wenn Sie dies nicht tun, müssen Sie die Konsequenzen übernehmen. Die Lebenskraft des Körpers gibt Resonanz für Ihre Gedankenform und gibt dieser innere Kraft. Sie ermöglicht, daß der Gedanke sich mit dem Universalen Gesetz verbindet und die Chancen anzieht, die Sie suchen.

Zweitens wird Ihre Lebenskraft beeinflußt und reflektiert durch Emotion. Wenn Sie Emotionen äußern, verändert sich das Gefühl um Sie herum und wird turbulent. Infolgedessen geht die Realität, die Sie anziehen, in jene Turbulenzen ein und wird durch die resultierende Unausgeglichenheit in Ihnen verändert oder abgelenkt. Binnen weniger Augenblicke beginnt Ihr Körper, ungünstig zu reagieren, und die von Ihnen ausgesandten Gedankenformen werden zerbrechlich. Ihre Fähigkeit, das Geschehen in Ihrer Umgebung zu beherrschen, ist verloren, denn die Kraft Ihres Bewußtseins ist weitgchend reduziert.

Wenn Sie negativen Emotionen lange ausgesetzt sind, verlieren Sie die Fähigkeit, Ihr Leben selbst zu beherrschen, und fallen Zufällen zum Opfer. Was Sie an Zufällen erleben, wird dem entsprechen, was Ihre unkontrollierte Energie ausdrückt.

Indem Sie Ihre Emotionen beruhigen und das Leben als schön ansehen, erzeugen Sie den richtigen Nährboden für Affirmationen des Denkens. Die Gefühlssphäre um Sie beginnt, sich zu beruhigen und erlangt ihre natürliche Resonanz zurück. Wenn Sie ruhiger werden, tritt das Ego in den Hintergrund, und Sie können die Dinge sehen, wie sie wirklich sind, anstatt durch die Energie des Egos, das unzählige Meinungen über Ihr Leben mit sich trägt, von denen viele nicht zutreffen.

Ich bin offen für diesen Tag. Mein Leben ist nur Fluß. Ich schwinge mit der Schönheit meiner inneren Ruhe.

Ihre Emotionen sind nur Antworten auf die Welt-Unsicherheit des Egos. Weil das Ego ständig nach dem sichersten Weg Ausschau hält, versucht es verzweifelt, um Ecken zu blicken. Das Ego spielt das »Was ist, wenn«-Spiel. Aus seinen Erfahrungen in der Vergangenheit konstruiert es Wahrscheinlichkeitsmuster, die zu noch mehr Besorgnis und negativer Emotion führen.

Nehmen Sie sich einen Augenblick, Ihren eigenen Tod wirklich zu akzeptieren. Fühlen Sie seine transzendente Qualität. Sehen Sie, wie Verwandlung ein Teil der natürlichen Ordnung ist, und erfahren Sie aus Ihrem tiefsten Inneren, daß Sie nicht wirklich sterben. Sie werden niemals lebendiger sein als in dem Augenblick, wenn Sie sich von Ihrem Körper gelöst haben. An diesem Punkt werden Sie weiterschreiten auf dem Evolutionsweg, den Sie sich durch Kraft in dieser Welt vorbereitet haben. Das ist der einzige wichtige Faktor, der, an dem Sie von heute bis an Ihren letzten Tag dauernd arbeiten werden.

Der dritte Faktor, der die Lebenskraft in Ihrem Innern verstärkt, ist die von mir so genannte alternative Philosophie. Es ist sehr wichtig, daß Sie sich eine Lebensphilosophie zusammenstellen, die für Sie selbst funktioniert, also nicht eine Weltanschauung, die aus nachgeplapperten Glaubensüberzeugungen der Kreis-Bewohner besteht. Indem Sie Ihr Leben auf schöpferische, eigene Weise führen, ermöglichen Sie dem Universalen Gesetz, spontan darauf anzusprechen – auf eine Weise, wie andere sie nicht erleben.

Bei der Entwicklung einer Lebensphilosophie ist es

meines Erachtens am besten, wenn man auf die einschränkenden Aspekte der von Menschen erstellten Religionen verzichtet. Das bedeutet nicht unbedingt, daß Sie alles verwerfen sollen, was in den heiligen Schriften geschrieben steht, sondern daß Sie nur jene Teile davon übernehmen, die Ihnen entsprechen und der Zurückgewinnung Ihrer persönlichen Kraft dienen. Ignorieren Sie alles, was Sie nicht von Herzen interessiert. Indem Sie eine Weltanschauung entwickeln, die wirklich Ihre eigene ist, gewinnen Sie die Freiheit, über Ihr Leben zu denken und es so zu entwickeln, wie es Ihnen gefällt.

Es geht darum, eine spirituelle Einstellung zu entfalten, Ihr eigenes Leben zu führen, Ihre eigenen Glaubensüberzeugungen zu leben und mit anderen nicht darüber zu sprechen, was Sie tun. Wenn Sie diese Art von Originalität und Glauben an sich selbst einmal gefunden haben, wird es Sie nicht mehr interessieren, was andere denken. Sie werden froh sein, wenn diese ihre eigenen Wege gehen. Darüber hinaus werden Sie Ihre Liebe dadurch unter Beweis stellen, daß Sie die anderen in Ruhe lassen, wollen Sie das nicht?

Was Sie glauben, spielt für das Universale Gesetz keine Rolle – es kommt allein darauf an, daß es für Sie funktioniert. Früher versuchten die Religionen, die Wahrheit für sich zu behalten, indem sie den Zugang des gewöhnlichen Menschen zum »Wissen« kontrollierten. Die Kirchen behaupteten ein Monopol auf die Wahrheit, um ihre eigenen Ziele zu verfolgen. Sie sagten dem Volke, daß es eine Wahrheit gäbe, die gottgefällig sei (welche Lehre auch immer die Kirche sich dabei erträumte), und eine Wahrheit, die nicht gottgefällig sei (das heißt, jede Lehre, die der Kirche widersprach). In Wirklichkeit aber gibt es keine absolute Wahrheit, sondern Millionen und Abermillionen unterschiedlicher Meinungen. Jede von ihnen ist für das Individuum wahr. Die Gotteskraft ist nicht emotional beteiligt an dem, was Sie glauben.

In den geistigen Dimensionen jenseits der Erde wird das, was Sie glauben, auf Sie reflektiert, und die Umgebung oder Umstände, in denen ein Geistwesen existiert, sind allein aus den kollektiven Gefühlen der dort versammelten Wesen gebildet. Wenn eine Dimension beengt ist, sieht sie grau und düster aus, aber die Geistwesen dort sehen diese Häßlichkeit nicht. Ihre Dimension ist für sie Wahrheit. Jenseits der düsteren Bereiche sind himmlische Sphären, in denen alles Schönheit und Licht ist. Die Geistwesen in diesen Bereichen genießen die Freiheit, und sie haben eine Philosophie, die befreit und nicht einschränkt. Weil Ihr Fühlen aufgeschlossen und einander annehmend ist, spiegelt das Licht dies in der Schönheit ihrer Umgebung wider. Außer daß jedes Wesen das Gute und bedingungslose Liebe ausdrückt, gibt es nur wenige Richtlinien und Regeln.

Die himmlischen Geistwesen haben auf einem langen Entwicklungsweg die menschlichen Glaubensüberzeugungen hinter sich gelassen und so ist ihr Vermögen, bedingungslose Liebe auszudrücken, immens gewachsen. Als ich zum ersten Mal einen Blick in eine solche Dimension werfen konnte, wurde mir klar, wie überaus wichtig es für die Menschen ist, sich vom Stereotypen zu befreien, das wir für Wahrheit halten, und zu einer Philosophie zu finden, die zunächst uns selbst gutheißt, und am Ende, wenn wir uns darauf eingestellt haben, jeden anderen. Je mehr Sie sich vom Denkstandard des

Kreises weg zu Ihrer eigenen Philosophie bewegen, umso engelsgleicher werden Sie. Dabei müssen Sie den Mut aufbringen, zu Ihren eigenen Überzeugungen zu stehen.

Wenn Sie zum Beispiel morgens um drei Uhr aufstehen und ein Stück Weißbrot mit einem Riegel Schokolade verzehren, dazu Alfalfa-Sprossen, einen Löffel Senf und einen Klacks Ketchup, dann ist das Ihre Philosophie. Andere mögen Sie ob dieses Menüs für verrückt halten, aber Ihnen hilft dieses Frühstück, sich an Ihrem Tag kräftig zu fühlen. Tun Sie es also!

Indem Sie Ihre eigene Philosophie entwickeln, befreien Sie sich von der Konvention und tausend Jahren kindischer Tradition. Stimmt es denn nicht, daß Sie eine Menge Spaß haben, wenn Sie jemandem begegnen, der ein wenig verrückt ist? Diese Leute scheinen das Leben leicht zu nehmen. Ihre Verrücktheit hilft ihnen dabei. Das ist Philosophie.

Meine Philosophie ist für mich Wahrheit. Indem ich meiner Individualität Ausdruck gebe, werde ich frei.

Gesellschaften, Regierungen und die Gemeinschaften der Menschen verlangen, daß Sie sie unterstützen und Ihren eigenen Traum aufgeben, um für deren Vorstellung zu arbeiten. Wenn Sie darauf hereinfallen, wird Ihre Lebenskraft vermindert und die Macht, die Sie auf der irdischen Ebene haben könnten, wird Ihnen entzogen. Sie leben und wirken nicht nach Ihrem eigenen Willen, sondern nach dem Willen anderer.

Betrachten wir einmal einige der am weitesten verbreiteten Mißverständnisse über die Gesellschaft und insbesondere über Regierungen. Dann wollen wir untersuchen, wie man eine Philosophie entwickeln kann, die frei ist, ohne aber andere zu beeinträchtigen.

Erstens: Wenn Sie meinen, die Regierung handle in Ihrem Interesse, dann vergessen Sie diese Idee besser gleich. Alle Regierungen sind Teil des allgemeinen Systems und arbeiten für sich selbst, selbst wenn sie anderes vorgeben. Das dem Volk zugemutete Maß an Manipulation ist groß genug, um es zu beherrschen, ohne eine Gehorsamsverweigerung der Massen zu riskieren. Was einer Regierung Macht verleiht, ist Geld – das Geld, das sie von Ihnen bekommt. Die Regierung hat keinen gottgewollten Anspruch auf dieses Geld – und Sie haben keine spirituelle Verpflichtung, es herzugeben. Aber sobald die Regierung Ihr Geld hat, verwendet sie es, um Institutionen einzurichten (die Polizei, die Finanzämter, die Geheimdienste, das Militär), die Sie zwingen, ihr noch mehr Geld zu geben.

Die Regierung der Vereinigten Staaten beispielsweise wird von männlichen Angehörigen der weißen Rasse dominiert, die politisch nach rechts orientiert sind (auch wenn sie sich Demokraten nennen) und den Willen der »Familien« wie Papageien wiederholen. Gesetzgebung und Gerichte setzen die Ansichten dieser Männer durch. Wenn Sie weder weiß noch männlich sind, wenn Sie ein Individuum sind, wenn Sie zufällig einer Minderheit oder dem linken Flügel angehören, dann gibt es von seiten der Regierung nur wenige Gesetze, die wirklich Ihren Interessen dienlich sind. Und die Regierung erfüllt fast gar keine Funktion, die das Volk nicht selbst erfüllen könnte.

Die Regierung führt nach Belieben Regeln und Bestimmungen ein; es gibt schon über eine Million davon in den Gesetzesbüchern der Vereinigten Staaten. Diese

Bestimmungen entspringen dem Interesse der Gesetzgeber. Sie haben es vermutlich schon gemerkt: Ganz gleich, welche Partei an der Macht ist, es ändert sich nicht viel. Das liegt daran, daß alle großen politischen Parteien von dem Denkstandard des Kreises beeinflußt sind und diesen Einfluß in den Gesetzen, die sie erlassen, zum Ausdruck bringen. Man läßt Sie für alle möglichen Dinge bezahlen, die Sie weder brauchen noch wollen. Darüber hinaus erlaubt die Regierung den Bundesstaaten, weitere Regeln, Gesetze und Steuern zu erlassen und gibt diesen Organen das Recht, Sie ebenfalls zu kontrollieren.

In der Stadt, in der ich lebe, kann man sonntags keine Flasche Bier kaufen. Das entsprechende Gesetz stützt sich auf die fundamentalistische Ansicht, daß Bier am Sonntag etwas Schlechtes sei und deshalb verboten werden müsse. Die Stadt hat knapp 4000 Einwohner, von denen weniger als fünfzig Prozent praktizierende Fundamentalisten sind, und noch weniger sind tatsächlich Fundamentalisten. Sonntags hat die Stadt darüber hinaus fünftausend Besucher, von denen einige vermutlich ebenfalls Fundamentalisten sind; die meisten kommen aber zum Skifahren und um sich zu vergnügen. So wird der Wille einiger hundert Menschen im Laufe des Jahres etwa einer halben Million aufgezwungen. Und die Mehrheit hat absolut keine Möglichkeit, daran etwas zu ändern.

Diese Art von Einmischung wird von den Regierungen immer wieder wiederholt. Zu glauben, die Regierung sei gut und setze sich für Ihre Interessen ein, ist naiv. Die Geschichte zeigt, daß alle Regierungen Sie enttäuschen und im Stich lassen. In den dreißiger Jahren beispielsweise war der US-Präsident Franklin D.

Roosevelt, als ehrlicher Staatsmann angesehen, dafür verantwortlich, daß dem amerikanischen Volk über drei Milliarden Dollar genommen wurden. Die große Depression hatte das Land fest im Griff, und Roosevelt forderte die Regierung auf, ein Gesetz zu verabschieden, das die Amerikaner zwang, all ihr Gold zum Schleuderpreis von 20,67 Dollar je Unze an die Regierung zu verkaufen. Sobald Roosevelt das ganze Gold hatte, hob er den Preis auf 35 Dollar je Unze und machte so einen Profit von gut drei Milliarden Dollar.

Wenn Sie damals lebten und Ihre eigene Philosophie hatten, sind Sie darauf nicht hereingefallen. Sie hätten Ihr Gold vermutlich außer Landes gebracht und es dem Zugriff der Regierung entzogen, bevor das Gesetz verabschiedet wurde – wie es auch viele andere taten. Dank Ihrer Philosophie wären Sie viel reicher und viel freier gewesen als jene, die beraubt wurden.

Die Gesellschaft verbreitet die Ansicht, daß es so etwas wie eine spirituelle Pflicht gäbe, ihr zu gehorchen. Doch wenn Sie näher untersuchen, was da von Ihnen verlangt wird, erkennen Sie, daß ein großer Teil davon unrecht ist – ein offensichtlicher Beschiß! Sollten Sie nun protestieren oder gegen das Gesetz verstoßen? Aber nein! Das wäre ein Fehler. Die Regierung verläßt sich darauf, daß das Volk nicht weiß, was vorgeht, und sorgt dafür, daß jene, die es wissen, nicht den Mut aufbringen zu protestieren. Wenn Sie protestieren, fällt die Regierung über Sie her. Das muß sie tun. Durch Bestrafung des einzelnen terrorisiert sie die Mehrheit zur Konformität.

Es gilt, die taoistische Haltung anzunehmen und möglichst wenig aufzufallen. Wenn Sie beispielsweise nicht zur Wahl gehen, werden Sie nicht zum Geschworenen berufen. Ich habe niemals für irgend etwas gestimmt. Das ist meine Philosophie. Ich meine, zur Wahl zu gehen, ermutigt die Machthaber nur. Ist das gegen das Gesetz? Nein. Wenn Sie nicht wählen wollen, müssen Sie nicht. Übrigens, eine andere Möglichkeit, nicht Geschworener zu werden, ist anzugeben, daß Sie Taoist sind. Taoisten glauben nicht an Sünde. Sie erklären also vor Gericht, daß Sie ihm gerne dienen wollten, aber als Taoist den Angeklagten »nicht schuldig« finden müssen, weil dies Ihrer Philosophie entspreche. Der Staatsanwalt, der eine Meinungsäußerung braucht, um seinen Job zu behalten, wird Sie auf der Stelle von Ihrer Ehrenpflicht entbinden.

Es gibt immer Wege und Möglichkeiten. Während des Vietnamkrieges war ich mit einem Amerikaner befreundet, der in London lebte. Die Wehrbehörden machten ihn schließlich ausfindig, und er wurde zu einer Vernehmung in die Botschaft am Grosvenor Square bestellt. Mein Freund war natürlich nicht wild darauf, erschossen zu werden, und die Aktionen der Regierung gegen die Bevölkerung Vietnams fanden nicht seine Unterstützung. Am Tag vor der Vernehmung ließ er sich die Haare lila färben. Dann verbrachte er eine Stunde in einem Kostümverleih und besorgte sich einen Samtumhang und ein paar alte samtene Kniebundhosen. Diesen Aufzug komplettierte er durch bezaubernde Satin-Slipper mit silbernen Schnallen. Am nächsten Morgen leistete er sich eine Gesichtsbehandlung im nahen Kosmetiksalon und ließ sich schminken. Dann erstand er eine hübsche rosa Schleife, mit der er das Halsband seines kleinen Hundes verzierte.

Mein Freund, ein Macho von gut 110 Kilo, tänzelte

in die Botschaft und gab zu verstehen, wie gerne er »zu den Jungs« in Südostasien käme. Er wurde auf der Stelle für untauglich erklärt, weil die Armee der Vereinigten Staaten keine homosexuellen Rekruten zuläßt. Hatte er gegen das Gesetz verstoßen? Nein. Es war ja nicht seine Schuld, daß der Musterungsbeamte ihn für schwul gehalten hatte. Als dieser ihn fragte, ob er schwul sei, hatte mein Freund geantwortet: »Was denken Sie denn?« Sehen Sie, das nenne ich Philosophie.

Wir stellen uns die Regierung immer als eine Supermacht vor, die uns in den Staub treten kann, und so fügen wir uns stillschweigend ihren Forderungen. Wenn Sie aber einmal eine Philosophie Ihr eigen nennen, werden Sie begreifen, daß es im Grunde genommen keine Regierung gibt, sondern nur eine Gruppe von Bürokraten, von denen die meisten ihren »Dienst nach Vorschrift« bis zu ihrer Pensionierung ausüben, ohne viel Staub aufzuwirbeln, und das ist Ihr Trumpf. Die Regierung muß sich ein Bein ausreißen, um fair zu erscheinen; dabei gibt sie Millionen von Ihrem Geld aus, um für sich zu werben. Die Regierung weiß, daß sie das Volk manipuliert, aber sie kann davon ausgehen, daß, solange sie *vorgibt*, fair zu sein, keiner merkt, daß er bis aufs Hemd ausgezogen wird.

Sie müssen den Gesetzen der Regierung folgen, weil Sie sonst auffallen und schließlich die Aufmerksamkeit einer Exekutivgewalt auf sich ziehen, die ihre Freude daran hat, Ihnen das Leben schwer zu machen. Der Taoismus lehrt: Wenn Sie unten sitzen, sind Sie tatsächlich oben. Indem Sie scheinbar klein und unbedeutend sind, befreien Sie sich. Der größte Baum wird gefällt, der krumme Stumpf bleibt unberührt.

Nun werden Sie fragen: Wie können wir je etwas zum Besseren wenden? Tatsache ist, daß die Dinge insgesamt sich nicht bessern, nur der einzelne tut es. Nichts hält Sie davon ab, Ihr ganzes Leben in eine unglaubliche Symphonie des Erfolges zu verwandeln. Aber an die Regierung zu appellieren, wird Ihnen nichts bringen. Wenn Sie versuchen, ein Gesetz zu ändern, springen hundert Leute auf, um die Änderung rückgängig zu machen. Die Energie, die Sie dabei investieren, ist nicht der Mühe wert. Deshalb leben die taoistischen Weisen im Wald; der bewußte Mensch muß Abstand wahren und für sich sein, um eine höhere Energie-Ebene zu erreichen.

Ich nehme die Welt wirklich so an, wie sie ist. Indem ich Abstand wahre, erreiche ich eine höhere Ebene der Energie in mir.

Gehen Sie still durchs Leben. Behalten Sie den größten Teil Ihres Denkens und Tuns für sich. Erzählen Sie den Leuten nie, was Sie wissen. Solange Sie schweigen, ziehen Sie die Fangarme der Menschen nicht auf sich. Sie hüllen sich in ein »Geheimnis«. Wenn Sie geheimnisvoll werden, gewinnen Sie an Macht. Erstens verschwenden Sie sich nicht in leerem Gerede, und zweitens gestehen die Menschen Ihnen eine Macht zu, die oft größer ist als Ihre tatsächliche. Denken Sie nur an die sagenhaften Krieger früherer Zeiten, deren Kühnheit ihnen in der Schlacht vorausging. Sie brauchten nur selten zu kämpfen. Die Leute respektierten ihren Ruf, und weil diese Krieger eine Philosophie besaßen, wagte keiner, sie herauszufordern.

Eine Aura des Geheimnisvollen aufzubauen, ist besonders für Frauen wichtig. Was man über eine Frau nicht weiß, macht ihre Gesellschaft reizvoll und verlokkend. Eine Frau sollte ihre Methoden haben, sich selbst zu heilen, zu pflegen und ihrer Macht Ausdruck zu geben, aber all dies sollte ihr Geheimnis sein. Das sollte ihre Welt sein, und dem Mann in ihrem Leben – falls es einen solchen gibt – sollte niemals Zugang zu diesen Geheimnissen gewährt werden. Wenn eine Frau zu leicht zugänglich wird, verliert sie ihren Zauber, ihr Geheimnis; ihre Fähigkeit zu bekommen, was sie will, wird beträchtlich vermindert.

Bevor wir diesen Abschnitt über die Entwicklung einer alternativen Philosophie abschließen, möchte ich noch zwei Dinge bemerken. Erstens halte ich es für lebenswichtig, daß Ihre Philosophie niemanden beeinträchtigt. Sie sollte die Originalität und das Erleben ausdrücken, das Sie im Laufe der Jahre entwickelt haben, aber Sie müssen achtgeben, nicht aufzufallen. Folgen Sie den Gesetzen, wenn es nötig ist. Denken Sie daran, daß nur ein Tor stehenbleibt und kämpft; der Weise geht seines Weges. Konfrontation ist eine Falle und sollte um jeden Preis vermieden werden. Wenn Sie keine Notwendigkeit spüren, Dinge zu verändern, werden Sie frei. Sie hören auf, etwas zu »sein, um zu ...«, und konzentrieren sich statt dessen auf »sein«. Damit entfernen Sie sich von dem Druck des Kämpfens und treten ein in den Fluß des Lebens, der Ihr eigentliches Ziel ist.

Zweitens müssen Sie sich selbst als geistiges Wesen betrachten. Wenn Sie sich als Teil der Gotteskraft sehen, dann ist diese mit Ihnen. Wenn Sie sich getrennt von der Gotteskraft empfinden oder in irgendeiner Weise unwürdig, dann haben Ihre Gedanken weniger Kraft. (Mit diesem Punkt werden wir uns im nächsten Kapitel unter der Überschrift »Identität« eingehender beschäftigen.) Es ist wichtig, daß Sie Ihr Leben als einen unendlichen Ausdruck der Schönheit in allen Dingen betrachten. Dazu müssen Sie sich von allen emotionsgetragenen Bewegungen trennen, die sich mit Weltfrieden, Hungersnot und Atombomben befassen. Diese entspringen einer spirituellen Schwäche. Sie spiegeln das Unbehagen der Menschen wider und sind reine Zeitvergeudung, bis die Hierarchien, die die Situation kontrollieren, beschließen, sich darauf einzulassen. Deshalb haben alle diese Bewegungen nur wenig oder überhaupt keine Zündkraft. Wenn Sie Weltfrieden wollen – wie ich ihn will –, werden Sie voll Kraft. Fühlen Sie die Grenzenlosigkeit in sich, stürzen Sie in die Amtsstuben der Kriegstreiber, packen Sie diese am Kragen und sagen Sie ihnen: »Hört auf, sonst...!«

Die Alternative bedeutet, die physische Ebene zu respektieren und sie als die grenzenlose Lektion anzunehmen, die sie in der Tat ist. Wissen Sie, der Frieden wird zur gegebenen Zeit kommen, aber zuerst müssen wir uns durch unsere Nöte hindurch entwickeln. Lassen Sie es mich erklären: In unserer Welt von heute vervollkommnen Millionen von Seelen ihre Evolution. Neben diesen Seelen gibt es noch Milliarden anderer, die ihre Evolution auf der physischen Ebene gerade beginnen und sich im Laufe der kommenden Jahrtausende durch Reinkarnation entwickeln werden. Diese Seelen sind hier, um das Potential zu sehen, das sie erreichen können. Das ist alles. Es wird von ihnen nicht erwartet, daß sie große Höhen erklimmen. Ihre Evolution gilt einem Verstehen der elementaren Dinge im Leben:

Gebräuche des Stammes, physischer Körper, Sexualität, Armut und Streit verschiedener Art.

Der zweite Weltkrieg machte den Weg frei zu raschem Fortschritt der Evolution des Menschen. Als die höher entwickelten Seelen ihre Freiheit zu spüren begannen, kannte ihre Kreativität keine Grenzen. Sie beschritten den Pfad zur vollkommenen Freiheit und Erleuchtung – über die gewöhnlichen Beschränkungen hinaus, die Lektionen des Physischen. Sie erfanden das Fernsehen, und binnen einer einzigen Generation wurde diese Erfindung jedem zugänglich. Es ermöglichte den anderen ein Verstehen für das, was sein könnte. Es zeigte der Welt weiter, daß wir alle eins sind, verbunden durch die gleiche Universale Energie. Und es zeigte uns, daß unsere Evolutionen getrennt verlaufen.

Der Durchschnittsmensch, der in seinen flimmernden Schwarz-Weiß-Apparat starrte, erlebte eine rapide Wandlung des Bewußtseins. Er vermochte nun, über die Grenzen seiner weltlichen Umgebung hinaus zu blicken, und begann, nach Höherem zu streben. Aber er hatte nicht die Energie, es zu schaffen, und so entstand in ihm ein Verlangen mit negativem Vorzeichen. Es gibt soviel Streit in der Welt, weil diese Seelen eine Bewußtseinsdimension erkämpfen wollen, die jenseits ihres Horizonts liegt. Man verkaufte ihnen den Glanz und »Tamtam«, aber keiner zeigte ihnen, wie man daran kam.

Die höher entwickelten Seelen kamen der Erleuchtung immer näher und begannen, auf einer inneren Ebene, das Geschick der Welt zu verändern. Seit Mitte der siebziger Jahre hat sich die Evolution auf der Erde immer mehr beschleunigt. Sie werden es bemerkt haben. Die Zustände lassen sich immer schwerer aufrechterhalten. Die Energie-Differenz zwischen den hochentwickelten Seelen und dem Durchschnittsmensch wird immer größer. Dabei nimmt die Auseinandersetzung auf der Welt zu, weil das Unbehagen der Menschen durch diesc Kluft noch verschärft wird. Das Schicksal des Menschen gleicht nun einem Wind, der immer stärker und stärker weht. Nur die sehr Starken werden bestehen, der Rest wird zurücktreten müssen. Dabei wird es mehr Krieg geben, mehr Armut und größere politische Zersplitterung.

Haben Sie sich einmal überlegt, warum Amerika und der Westen bei den Ländern der Dritten Welt und anderen kleinen Nationen nicht so beliebt sind? Weil diese den Lebensstil und den Überfluß sehen, die Früchte von Kreativität und Anstrengung, und sie fürchten, diesen selbst nie zu erlangen. Die aufsteigenden Völker des Westens teilten ihren Überfluß mit der übrigen Welt, und es kam zu dem größten Gütertransfer in der Menschheitsgeschichte. Ein großer Teil der Gelder wurde geschenkt oder zinslos oder zu günstigen Bedingungen geliehen. Jene Seelen, die eine höhere Entwicklungsstufe erreicht hatten als die übrigen – Amerika und andere wichtige Handelsnationen – versuchten, die gleiche Entwicklung für ärmere Länder zu erkaufen, teils aus Schuldgefühlen heraus und zum Teil, weil es politisch vorteilhaft war, die Welt in Schulden zu versklaven. Die das Geld erhielten, gaben es für eine Orgie der Selbstbeweihräucherung aus. Das Geld ist noch zurückzuzahlen. Die Einwohner der Länder der Dritten Welt sind nun gezwungen, die Rechnung für die jungenhaften Egotrips ihrer Führer zu bezahlen. Sie grollen Amerika und dem Westen wegen der mißbrauchten Gaben und behaupten oft, daß sie lieber die extreme Manipulation durch den Kommunismus akzeptieren würden, als sich der Tatsache zu stellen, daß ihre Führer sie enttäuscht haben.

Jedermann will Weltfrieden und ein Ende der Not, aber die Energie der Welt läßt das noch nicht zu. Wir müssen Geduld haben. Es ist zwecklos, sich nach einer Lösung zu sehnen, die noch keinen Platz in der Evolution der Menschen in dieser Zeit hat. Es wäre, als bestünde man darauf, daß Terroristen zu Vegetariern werden und meditieren. Vergessen Sie das!

Wenn Sie in die Emotionen solcher sozialen Bewegungen geschlittert sind, wird es Ihr Weiterkommen behindern. Das Denken des Menschen hat die Tendenz, persönliche Aktivität abzuschieben und in Ideen einzusteigen, weil diese kein persönliches Risiko oder Anstrengung erfordern. Indem Sie sich mit solchen Ansichten einlassen, sehen Sie die Welt in einem negativen Licht, und Ihre Haltung in Ihrem Leben wird allmählich die gleiche Schwäche widerspiegeln. Es könnte Sie auf die nach unten gerichtete Spirale der Hoffnungslosigkeit bringen. Das möchte ich Ihnen nicht wünschen.

Stellen wir uns vor, daß die Gotteskraft eines Morgens beschloß, den Weltfrieden zu erklären, und dann irgendwie jedermann zur Friedfertigkeit manipulierte. Würde sich Ihr Leben dadurch wirklich sehr ändern? Es ist doch jetzt schon friedlich, nicht wahr? Sie wären immer noch zu Hause bei Ihren Lieben, essen vielleicht Ihr Frühstück, diskutieren übers Leben, sehen fern und so weiter. Nichts wäre anders. Warum dann soviel Emotionalität investieren für etwas, das Sie ohnehin schon haben?

Um mächtig zu werden, müssen Sie sich auf sich selbst konzentrieren und der Welt ihre Evolution lassen. Auf sich selbst konzentrieren bedeutet stark werden; dann können Sie den Menschen wirklich helfen. Metaphysisch betrachtet, gibt es tatsächlich keinen anderen Weg. Sie haben nur wenig Zeit, das zu schaffen! Irgendeine negative Sehnsucht oder vergeudete Mühe, und Sie sind mausetot. Ihre Evolution muß ein Crescendo der Energie in Ihnen schaffen und sich aus dem Physischen hervor entwickeln, um ein Teil der Höheren Macht zu werden. Das ist Ihr höchstes Ziel! Nehmen Sie es liebevoll an, akzeptieren Sie es als Ihre Gedanken-Affirmation und verstehen Sie, daß alles auf der Welt so ist, wie es sein soll. Auf diesem Weg beanspruchen Sie Ihre wahre Unendlichkeit.

Ich bewege mich still durchs Leben. Das erlaubt mir, mich in das zu verwandeln, was ich werde. – Durch Stille entwickle ich eine alternative Philosophie.

8

Ermächtigung durch Verständnis Variante und Konzentration

Der nächste Faktor, der die Kraft der Gedankenform in Ihnen beeinflußt, heißt Variante. Variante ist der Unterschied zwischen dem, was Sie tatsächlich sind, und dem, wofür das Ego oder die Persönlichkeit Sie hält. Wir alle haben Meinungen über uns selbst, aber das *Höhere Selbst* oder *innere Ich* lebt im Jetzt. Es ist real und lebt in Wahrheit. Wenn das, was Sie über sich glauben, sich sehr von dem unterscheidet, was tatsächlich wahr ist, kommt eine leichte Spannung in Ihnen auf, die verhindert, daß Ihr Bewußtsein die Macht hat, die es haben könnte.

Die Spannung zwischen den Wünschen Ihres Egos und Ihrer Fähigkeit, diese zu manifestieren, führt zu einer Variante oder einem Mangel in Ihnen. Dieser Mangel wird verstärkt durch den Unterschied zwischen Ihrer tatsächlichen Lebensqualität (die real ist) und Ihren Gedankenformen, die zum großen Teil auch Phantasien umfassen können.

Solange Sie in Phantasien leben, wird das geschwächt, was Sie ausdrücken, weil das *innere Ich* weiß, daß Sie es einfach nicht glauben und daß es nicht wahr ist. Anstatt sich also auf Stärkendes zu konzentrieren, zerstreuen Sie Energie durch Gerede und Phantasien, die Sie überhaupt nicht zu materialisieren gedenken.

Manchmal erzeugen Sie eine Variante, indem Sie über Ihre Verhältnisse leben. Auch das führt zu einer

Störung des Gleichgewichts, denn Sie können nur stolpernd Schritt halten. Sie versuchen, das mentale Bild zu materialisieren, das Sie von sich selbst haben, und Ihre Gedankenformen verlieren an Intensität. Diese Art von Variante ist im Bereich der Finanzen sehr üblich. Wir machen uns eine Vorstellung von unserem erwünschten Lebensstil und stürzen uns in Ausgaben, ohne eigentlich die Zahlungsmittel für die Erfüllung unserer Wünsche zu besitzen. Dann vertrauen wir unser Schicksal der Großzügigkeit des Universalen Gesetzes an und hoffen das Beste, ohne zu erkennen, daß wir außer unserer Kontrolle sind und so unsere Fähigkeit zerstören, Geld zu verdienen und Chancen anzuziehen. In der Folge geraten wir in immer größere Schwierigkeiten.

Allein die Tatsache, daß Sie gezwungen sind, sich auf einen Handel einzulassen, um die Miete bezahlen zu können, vereitelt diese Möglichkeit. Metaphysisch springt es vor Ihnen auf der Straße davon. Der Grund ist, daß die Leute, wenn sie Geld geben, sich sicher fühlen müssen. Wenn Sie außer Kontrolle sind, nehmen diese Ihre Emotionen auf und schrecken zurück. Das gleiche geschieht beim Verhandeln: Wenn Sie etwas wollen, wissen das die Leute, und entweder kostet es Sie dann mehr, oder irgend etwas passiert, was den Handel vereitelt. Um zu verhandeln, müssen Sie sich von jeglicher Emotion trennen, die mit dem Geschäft zu tun hat, und bereit sein, ohne Abschluß fortzugehen. Dann haben Sie die Kontrolle in der Hand, und die Kraft ist mit Ihnen.

Stellen Sie sich vor, Sie stünden neben einem Springbrunnen. Dieser ist Ihr höheres Selbst, Ihr Quell der Kraft. Wenn Sie im Jetzt leben und sich in Wahrheit annehmen, stehen Sie in der Mitte des Springbrunnens und haben ein Maximum an Kraft. Wenn Sie in der Phantasie Ihres Ego-Bildes leben, entfernen Sie sich von dem Strahl; Ihr Bewußtsein wird unscharf und verliert an Kraft. Das ist, als bäten Sie das Universale Gesetz, eine Lüge oder ein falsches Bild Ihrer selbst anzuerkennen. Denken Sie daran: Das Universale Gesetz wird Ihnen alles geben, woran Sie glauben. Aber wenn wir im aufgeblähten Ego leben, erschafft dieses Spiel einen Mangel oder eine Schwäche in der Energie unserer Gedankenformen.

Es wirkt stärkend, ein Bewußtsein zu entwickeln, das mehr dem entspricht, der Sie tatsächlich sind. Das bedeutet nicht, daß Sie sich vor Ihrem inneren Auge nicht jene Dinge aufbauen oder vorstellen sollen, die Sie bekommen wollen. Aber oft leben Menschen nur in der Welt ihrer Phantasien. Es ist nicht so, daß Phantasien nicht auch verwirklicht werden können; das Problem besteht darin, daß das Individuum an seine Phantasie in der Regel nicht wirklich glaubt. Nicht daran zu glauben gewährleistet, daß es nie geschehen wird. Wenn man zudem im täglichen Leben von der Realität so weit entfernt ist, fällt es schwer, stark zu werden.

Die Lebenskraft, die um Sie ist – in der Natur, in Ihrem Zuhause, in Ihren Beziehungen, in Ihrer Sexualität, in Ihrer Kreativität –, hilft Ihnen als Individuum. Wenn Ihr Leben eine Variante Ihrer Phantasie ist, zerstreuen Sie nicht nur die Macht Ihrer Visionen, sondern Sie gewinnen auch keine Energie aus Ihrer Umgebung, weil Sie im Grunde nicht in ihr leben. Ihr Denken ist woanders.

Es fällt den Menschen schwer, in der realen Welt zu leben, denn dabei müssen sie sich den Fakten stellen.

Man muß fragen: »Wo bin ich gerade jetzt? Was habe ich bis jetzt? Was bin ich wirklich?« Nun, wenn Sie den Mut haben, sich selbst anzuschauen und mit all dem zufrieden zu sein, was Sie noch nicht erreicht haben, dann fassen Sie die Kraft des Augenblicks – jenseits der Spiele des Egos und des gesellschaftlichen Drucks, der von Ihnen verlangt, daß Sie vorgeben, etwas zu sein, das Sie in Wirklichkeit nicht sind.

Ich akzeptiere, wer ich bin, und die Realität, in der ich lebe. Durch Geduld erlange ich alles, was ich wünsche.

Das Empfinden, daß man eines Tages »entdeckt« wird und zum Star berufen ist, ist ein weiteres gutes Beispiel für den Begriff Variante. Das Ego gewöhnt sich an alltägliches Versagen und richtet sich eine Phantasiewelt ein. Es ist, als ob das Ego wüßte, daß man Erfolg von ihm überhaupt nicht erwarten kann, und weil es das nicht zugeben will, lügt es sich etwas vor. Das Ego sagt: »Eines Tages wird man mich entdecken, und dann werde ich erfolgreich und ein großer Star« – folglich braucht es nichts wirklich zu tun. Um auf seine Entdeckung zu warten, braucht man nicht zu arbeiten oder sich konzentriert anzustrengen. Viele Menschen bringen diese Haltung der Spiritualität entgegen. Sie glauben, Erleuchtung sollte ein Gnadengeschenk sein mit nur minimalem Beitrag ihrerseits. Deshalb sind Gurus heute so populär. Der Schüler kann sich zu Füßen des Meisters setzen und mühelos die Göttlichkeit des Weisen auf sich überfließen lassen. Instant-Erleuchtung – Wasser hinzugeben, umrühren, fertig!

Bei Ihrer Arbeit mit Affirmationen müssen Sie prüfen: Was ist Phantasie, was ist Tatsache. Als ein Kind des Universums sollten Sie sich nie scheuen zuzugeben, wo Sie stehen, denn darin liegt eine ganz besondere Energie. In der kosmischen Evolution stellen wir uns in Energiemuster, die uns ein klein wenig voraus sind. Auf diese Weise haben wir etwas, in das wir hineinwachsen können. Die Schwierigkeit ist, daß wir uns im Licht der Energie beurteilen, die uns umgibt, und da fühlen wir uns unzulänglich. Unter solchen Umständen ist es schwierig, sich als schön zu sehen. Doch was Sie sind, ist, was Sie sind. Wenn Sie akzeptieren, daß Sie zum Besseren weiterschreiten können, gewinnen Sie die Kraft zu affirmieren, daß Sie mehr werden – ein Teil einer anderen Dimension, einer höheren Lebensebene. Doch wenn die Dimension, auf die Sie zuzugehen meinen, sehr weit von Ihnen entfernt ist, wird Ihr Verstand intellektuell feststellen, daß Sie dort sind, das *innere Ich* jedoch wird es nicht für möglich halten. Mit Ihren mentalen Affirmationen sollten Sie deshalb Gedankenformen prägen, die Ihnen ein wenig voraus sind, aber nahe dem, wo Sie jetzt stehen.

Stellen Sie sich vor, Sie sind zehn Jahre lang mit einer alten, zerbeulten Rostlaube gefahren. Grund hierfür, Sie hatten nicht viel Geld, und wenn Geld da war, war Ihnen ein neues Auto nicht wichtig. Diese zehn Jahre haben ein Muster in Ihnen geprägt. Unzählige Male mußten Sie den Wagen anschieben, oder der Vergaser streikte im Frost, der Wind pfeift durch das Bodenblech, es klappert, ächzt und rasselt, wenn Sie über Haupt- und Nebenstraßen fahren – dies ist ein Teil Ihres Lebens geworden. Die Affirmation »Ich werde einen Mercedes fahren« ist so weit von Ihrem derzeitigen Erleben entfernt, daß sie fast unmöglich zu materialisieren ist. Zehn Jahre tägliche Rostlauben-Fahrten haben sich in Ihr Bewußtsein eingeprägt, das kann nicht durch einen einzigen Gedanken mit wenig Intensität überwunden werden. Und wenn die Gedankenform tatsächlich lautet »Ich fahre einen Mercedes«, läßt Ihre Phantasie keinen Spielraum für Veränderung, und Sie werden noch weitere zehn Jahre Ihre Schrottkiste kutschieren.

Affirmationen des Denkens müssen kräftig sein, um den Widerstand der bestehenden Programmierungen zu überwinden. Die Affirmation muß der Wirklichkeit nahe sein. Es wäre sinnvoll zu affirmieren: »Binnen einem Monat werde ich mich von diesem alten Blechkasten trennen und einen modernen, sauberen, zuverlässigen Wagen anziehen oder manifestieren.« Diese Affirmation hat Chancen. Denn sie verlangt nicht nach einem gewaltigen Quantensprung, sondern nach einer allmählichen Veränderung.

Die Geschichte der Menschheit und die Entwicklung der Spiritualität und des Bewußtseins zeigen, daß Wachstum fortschreitet. Da der Mensch seiner selbst bewußter geworden ist, auf Errungenschaften seiner Vergangenheit aufbauend, hat sich das Tempo beschleunigt. Doch noch immer liegt jeder Zugewinn nahe der vorausgegangenen Begrenzung. Sie sollten auch in Ihrem Leben nach allmählicher Veränderung streben und die Zeit finden, dieses Weiterschreiten Schritt für Schritt zur Kenntnis zu nehmen. Achten Sie darauf: Wenn Sie mentale Affirmationen formulieren, sollten diese nicht allzuweit von den derzeitigen Umständen entfernt sein, damit das Universale Gesetz Ihre Wünsche auch materialisieren kann.

Die Lebenskraft oder Stärke Ihrer Gedankenformen ist letztlich verbunden mit der *Identität* oder Stärke

Ihrer Verknüpfung mit dem Leben und der Gotteskraft. Wenn Sie die Gotteskraft oder Lebenskraft als außerhalb von sich sehen, werden sich Ihre Gedankenformen querstellen. Diese Unvollkommenheit wird Sie in den derzeitigen Lebensumständen zurückhalten.

Die Gedankenform muß aufgrund ihres Wesens, praktisch genau vor Ihnen Ihren Weg kreuzen und stoppt so Ihr Weiterkommen. Der Identitäts-Faktor wird stärker, wenn Sie älter werden und bereit, sich auf Erfolg einzustellen. Vor dem Alter von dreiunddreißig Jahren und bei Menschen, deren Leben einem anderen Evolutionsweg folgen, trifft dieser Faktor kaum zu.

Die Behinderung Ihrer Gedankenform, die auf einem Mangel an Identität mit der Gotteskraft beruht, ist in jungen Jahren in Ordnung, weil sie Sie davon abhält, zu rasch voranzuschreiten, und Sie zwingt, sich mit dem Alltag zu beschäftigen. Doch wenn der schlafende Mensch erwacht und erkennt, daß die Gotteskraft nicht außerhalb von ihm und keine Macht über ihm ist – daß die Gotteskraft in Wirklichkeit eine innere Kraft ist – dann wandeln sich seine Gedankenformen drastisch. Dann ist es, als gebe sich der schlafende Mensch plötzlich die Erlaubnis, frei zu sein – als Teil aller Dinge zu existieren, als Individuum, und nicht als Teil des Programms von anderen. Die Geschichte der Menschheit zeigt, daß die Anfänge des Wissens und der Metaphysik etwa in der Zeit um 500 v. Chr. liegen. Damals erschienen etwa ein halbes Dutzend Meister – darunter Buddha, Zarathustra und Lao Tse – alle zur gleichen Zeit. Dies beschleunigte die Evolution des Menschen und erlaubte, die Auffassung der Heiligkeit des Menschen zu entwickeln. Aber Sklaverei hörte erst auf, als der Mensch ein Selbstbild entwickelte und erkannte, daß er ein Teil der Gotteskraft ist und nicht Besitz eines anderen.

Nun liegt die Schwierigkeit im allgemeinen darin, daß der Mensch, nachdem er aus dem Schlaf zur Erkenntnis seiner inneren Kraft erwachte, alles loslassen muß, an was er in der Vergangenheit geglaubt hatte. Alte Überzeugungen geben ein vertrautes und sicheres Gefühl. Die neuen Gedanken sind zunächst ungewohnt und unbequem. Der schlafende Mensch neigt dazu, sich von den Leuten, an die er gewöhnt war, zu entfernen, und dabei spürt er Angst und Einsamkeit.

Der Identitäts-Faktor erlaubt der Lebenskraft in Ihren Gedanken, mit einer Klarheit ausgedrückt zu werden, die diese nicht einschränkt oder dominiert. Wenn Ihr Gedanke sich einmal mit der *inneren Kraft* identifiziert, gewinnt er Kraft. Er kann nun tun, was er will. Also affirmieren Sie: »Ich bin Gott.« Das kann schwierig sein, denn als Kinder wurde uns beigebracht, daß wir fast wertlos sind, und daß Gott ein großer Vater sei, der irgendwo über uns thront und uns beaufsichtigt. Das stimmt nicht.

Indem Sie sich mit der Gotteskraft identifizieren, erkennen Sie Ihr spirituelles Erbe. Sie erlauben sich zu sein, ohne um Erlaubnis fragen zu müssen. Sie sind, was Sie sind, und als Teil aller Dinge haben Sie wahre Rechte. Wenn die Identität einmal feststeht und Sie absolut gewiß sind, daß Sie die Gotteskraft in sich sind, können Sie sich allmählich erlauben, Erfolg zu haben und zu dem zu werden, was immer Sie wollen, weg von den Wünschen, Gedanken und Manipulationen anderer. Was Sie werden, ist Ihre private Angelegenheit, und nur Sie kennen wirklich den Weg, den Ihr Leben,

Schicksal und spirituelles Wachstum nehmen wird. Sie stehen für sich, ohne die anderen, unberührt von dem, was die anderen über Sie denken, was sie von Ihnen wollen, was sie sagen, daß Sie tun sollen – und sehr fern von deren Dogmen und spirituellen Manipulationen. Sie besitzen Integrität. Sie sind nicht unbedingt vollkommen, und doch ist da ein Teil von Ihnen, der wunderschön ist. Dieser Teil bildet die Brücke, auf der Sie von einem Erleuchtungs-Erlebnis zum nächsten weitergehen, an Orte in Ihrem Herzen, die so weit entfernt sind vom Alltäglichen, daß Glauben und Überzeugungen des schlafenden Menschen Ihnen nichts bedeuten und keinerlei negative Emotionen auslösen. Dieser Prozeß der Identifikation kann viele Jahre dauern, aber auch rasch vorangehen, denn jeder Mensch ist anders. Aber man braucht Mut, denn wenn der Prozeß einmal abgeschlossen ist, sind Sie auf sich gestellt.

Um Ihre Identität mit der Gotteskraft zu vertiefen, müssen Sie anfangen, das Ego loszulassen und mit der Unendlichkeit aller Dinge verschmelzen. Das bedeutet üben und mit sich allein sein. Im Alleinsein liegt eine große Kraft, denn es ermöglicht Ihnen, Gott wahrzunehmen. Nehmen Sie sich die Zeit, in die Natur hinauszugehen, und erfahren Sie auf Ihrem Spaziergang zum Beispiel die Identität eines kleinen Vogels. Er kann sie so ungehindert ausdrücken, weil er keine Meinung von sich selbst hat. Er hat nicht das Selbstbewußtsein von uns Menschen, und deshalb gibt er sich so natürlich. Auch Sie können sich ein so erfrischendes Leben schaffen.

Um Identität zu entwickeln, müssen Sie sich erlauben, absolute Freiheit in Ihrem Leben zu schaffen und eine Lebensweise zu kultivieren, die Sie von der Evolution der anderen trennt. Sie können die Art des Lebens des Kreises und die Anschauungen seiner Bewohner nicht ändern; Sie können nur eins tun: sich in Ihre eigene Kraft zurückziehen. Denken Sie daran: Keiner stellt Sie auf die Probe. Die Gotteskraft prüft uns nicht, sie verlangt auch nicht, daß wir mit Kämpfen oder Opferbringen aufhören. Nur der Mensch erschafft sich Kampf, und anstatt die Verantwortung für seine Probleme zu übernehmen, gibt er der Gotteskraft oder dem Zufall die Schuld.

Die Lebenskraft wird auch gesteigert durch Ihre *Übereinstimmung* mit ihr. Identifikation sagt: »Ich weiß, sie ist in mir.« Übereinstimmung bedeutet, die innewohnende Gotteskraft zu leben und zu atmen. Das heißt, eine Lebensweise oder Philosophie zu entwikkeln, die die Lebenskraft in Ihnen ehrt und die Mut zeigt. Sie müssen Ihr Leben auf eine Karte setzen, metaphysisch hundertprozentig darauf vertrauen, daß die Gotteskraft Ihre Bedürfnisse erfüllt und Sie geborgen hält. Wenn Sie diesen Weg wählen, schaffen Sie eine Kraft, stark und großartig, die Sie stützen wird. Darüber hinaus werden Ihre Wahrnehmung und Ihre Fähigkeit, alles zu verstehen, was um Sie vorgeht, drastisch erhöht.

Mit Ihrer Originalität und individuellen Lebensphilosophie führen Sie eine Übereinstimmung mit der Unendlichkeit in allen Dingen herbei, ohne Rücksicht auf die Zustände um Sie. Die Gotteskraft ist spontan, ursprünglich und außerhalb der Grenzen und Meinungen des menschlichen Denkens. Durch ein Leben ohne Beurteilung, ohne Verhaftetsein, ein Leben von Augenblick zu Augenblick, finden Sie zu einer ähnlichen

Spontaneität, und Ihre Übereinstimmung mit dieser Kraft wird allmählich größer.

Versuchen Sie einmal folgende einfache Übung: Setzen Sie sich vor einen großen Spiegel, spielen Sie eine Sie entspannende Musik, schließen Sie die Augen und gehen Sie in einen meditativen Zustand. Wenn Sie entspannt sind, öffnen Sie die Augen und warten Sie einen Augenblick, dann blicken Sie Ihr Spiegelbild an, ohne sich zu rühren und möglichst, ohne zu zwinkern.

An Ihrem Spiegelbild bemerken Sie, daß Ihre Züge sich verändern, so wie Sie sich in der Meditation entspannen. Sie haben das unheimliche Gefühl, nicht zu wissen, wen Sie vor sich sehen. Wenn Sie sich verlieren, tritt die Unendlichkeit in Ihnen in Erscheinung. Viele erleben dabei ein Gefühl der Zeitlosigkeit oder gar Ekstase.

Wenn Sie einmal erkannt haben, daß Sie ein zeitloses und unsterbliches Wesen in einem Körper sind, versuchen Sie folgende Übung: Ändern Sie für die kommenden dreißig Tage Ihre Lebensweise total. Stehen Sie zu einer anderen Zeit auf. Gehen Sie früher oder später zu Bett. Tun Sie nichts, was Sie normalerweise tun. Sprechen Sie mit keinem Ihrer Freunde. Meiden Sie Zeitungen, Radio und den Fernseher. Kleiden Sie sich anders und ändern Sie auch Ihre Ernährung. Verbringen Sie einige Zeit für sich in stiller Meditation. Versuchen Sie, draußen in der Natur zu sein, weg von den Menschen. Fasten Sie mindestens einmal drei Tage lang, wenn dies Ihr Gesundheitszustand erlaubt.

Ich vereinfache mein Leben. Ich lasse alles Durcheinander hinter mir. In Klarheit äußere ich meine Kraft.

Durch bewußtes Ändern Ihres Lebensweges und durch Wählen von Einfachheit werden Sie frei von Konfusion. Die Gedanken-Affirmationen, die Sie formulieren, werden an Kraft zunehmen. Sie werden nicht durch Ihre alten Bindungen behindert sein, statt dessen gehen Sie nun aus Ihrem Inneren mit Klarheit und Zielstrebigkeit hervor. Ihre Affirmationen werden Ihnen Mut schenken. Sie werden fähig sein, Bewußtsein um sich zu transformieren, erschaffen und vergeistigen.

Auch durch Konzentration lassen sich Gedankenformen mit Kraft aufladen. Hier können wir zwei Aspekte unterscheiden: Beständigkeit und Intensität. Lassen Sie uns auf Konzentration im allgemeinen blicken: Dies ist die Fähigkeit zu werden, was Sie werden wollen. Wie schon in einem früheren Kapitel kurz besprochen, hat die Gotteskraft keine Meinung über Ihr Leben. Sie dient einfach dazu, Ihnen Kraft zu geben. Um zu bekommen, was Sie wollen, müssen Sie sich über Ihr Ziel im klaren sein und diese Gedanken festhalten, bis Ihr Wunsch erfüllt ist. Das ist Konzentration.

So oft im Leben lassen wir uns vom Kurs abbringen. Wir entscheiden uns für eine Richtung, und fast sofort lenken Emotionen uns ab, oder irgend etwas passiert, und wir geraten vom Kurs ab. Wenn Sie vom Leben etwas wollen, müssen Sie sich darauf konzentrieren, und Sie müssen daran festhalten, ohne Rücksicht auf Ihre derzeitige Situation. Wenn Sie sich auf Ihr Ziel konzentrieren und sich nicht davon abbringen lassen, steht Ihnen eine zusätzliche Kraft zur Verfügung. Denn die Willenskraft sorgt dafür, daß Sie zur rechten Zeit am rechten Ort sind. Wenn Sie nicht wissen, was Sie im Leben wollen, dann strahlen Sie diese Ungewißheit ins Universale Gesetz aus. Und dieses – unparteiisch wie es ist – spiegelt das gleiche Gefühl an Sie zurück. Die Folge ist, daß nichts fließt, und alle Versuche, Ihre Träume zu verwirklichen, scheitern oder sie verlaufen im Sande.

Wenn Sie nicht wissen, was Sie wirklich wollen, ist es am besten, erst einmal alle jene Dinge aus dem Weg zu räumen, von denen Sie sicher wissen, daß Sie sie nicht mehr wollen – schwächende Beziehungen, nutzlose Gewohnheiten, mangelnde Aktivität, Unausgeglichenheit der einen oder anderen Art. Früher oder später wird Ihnen klar, was Sie wollen, und dann können Sie darauf zugehen. Der »Weg der Kraft« verlangt eine gewisse Aggression wie die Natur. Das Tier im Walde holt sich, was es will, und dabei investiert es Energie zur Erfüllung seiner Bedürfnisse. Sie sollten es ihm gleichtun. Überlegen Sie sich, was Sie wollen, und verfolgen Sie dann dieses Ziel, gleichgültig, wie lange es dauert, und Sie werden zusätzlich Konzentration zu Ihrer Batterie der Kraftaffirmation bekommen.

Ein Aspekt der Konzentration ist Beständigkeit. Das ist einfach der Prozeß des Aufbauens von Gedanken für Gedanken, Tag für Tag, bis Ihr Bedürfnis erfüllt ist. Hier gibt es nur eines zu beachten: Daß Sie Ihre Beständigkeit nicht mit negativen Sehnsüchten und Formulierungen verbrämen. Solche drängen Ihre Absicht weg. Wenn Sie entschieden haben, was Sie wollen, dann denken Sie von Zeit zu Zeit daran mit dem Gefühl, es sei bereits verwirklicht. Aber geben Sie acht. Wenn Sie nach etwas schmachten, werden Sie es nie haben, und selbst wenn Sie eines Tages bekommen, was Sie wollen, wird es Ihnen nicht mehr gefallen. Halten Sie Emotion aus Ihren Wünschen heraus, halten Sie innerlich Abstand von dem Ziel, dann kann die Energie frei fließen, dann können Dinge in Ihrem Leben zum Vorschein kommen. Das Gleichgewicht ist delikat. Aber Leben ist delikat. Oder nicht?

Schwierig ist auch, daß der Verstand sich nicht gern konzentriert. Das fällt ihm von Natur aus schwer. Wenn Sie bereits meditiert haben, wissen Sie, wie schwierig es ist, die Gedankenflut zu stoppen. Aber jeder Ihrer Gedanken trägt zu dem Universalen Gesetz bei, und wenn Sie Ihr Denken nicht unter Kontrolle bringen können, verlieren Sie Energie. Durch Entwicklung einer Art »Turbo-Konzentration« ermöglichen Sie es der vollen Kraft Ihres Seins, Ihr Leben zu gestalten. Wenn Sie zudem daran interessiert sind, zu den Welten jenseits des Tunnels, von denen ich gesprochen habe, Zugang zu bekommen, werden Sie sich in Konzentration üben müssen, denn ohne Konzentration ist diese Reise unmöglich. Setzen Sie sich still vor eine Kerze und probieren Sie, wie lange Sie sich auf diese konzentrieren können, ohne daß Sie andere Gedanken stören. Wenn Sie einmal eine Minute erreichen, dann gehen Sie weiter, konzentrieren Sie sich zwei Minuten, und so fort. Diese Übung steigert Ihre Konzentrationsfähigkeit.

Beständigkeit bedeutet zu entscheiden, was Sie wollen, und daran festzuhalten, bis Ihr Traum Wirklichkeit geworden ist. Sie müssen sich Ihrem Ziel widmen, auch wenn es fern zu liegen scheint. Stellen Sie sich einen Augenblick vor, sie wollten Architekt werden, haben aber nicht genug Geld, um das Studium zu finanzieren. Konzentrieren Sie sich! Es wäre Ihrem Ziel sehr dienlich, wenn Sie nun Bücher kaufen, Architektur jeder Art besichtigen und in der Bibliothek studieren würden. Damit bewegen Sie sich auf Ihr Ziel zu, auch wenn

Sie nicht das Geld haben, Ihren Traum zu finanzieren. Wenn Sie sich auf das besinnen, was unmittelbar vor Ihnen liegt, statt auf das Gesamtbild Ihres Wunsches, werden Sie schließlich bekommen, was Sie wollen.

Um in den nächsten Raum zu Ihrem Ziel zu gelangen, müssen Sie durch den Raum gehen, in dem Sie sind. Es ist fast so, als müßten die Gedanken, die Sie gewöhnlich haben, erst aufgebraucht werden oder ausgedient haben, bevor Sie Veränderungen durchführen können. Wie oft haben Sie schon eine neue Absicht affirmiert und fanden sich dann in alten Mustern gefangen? Die alten Gewohnheiten sind zäh und nur schwer abzuschütteln. Es braucht Geduld. Deshalb sind die großen Dramen in Ihrem Leben so nützlich. Dramatische Ereignisse haben ihre eigene Art, den Weg freizuräumen. Nach solchen Erlebnissen fühlen Sie sich vielleicht verloren, erschöpft und erschlagen, weil Ihr Ego eine grandiose Niederlage einstecken mußte und zum Rückzug gezwungen wurde. Aber das Drama schuf einen Raum, in den neues Verständnis und Wachstum einfließen können.

Ihre Gedanken umgeben Sie. Manche sind sehr intensiv, andere mehr schrullig. Wenn wir die Dichte oder Gültigkeit von Gedanken untersuchen, stellen wir fest, daß manche intensiver sind als andere. Die Dichte hängt im Grunde von Willen und Emotion ab, wie sie sich durch die persönliche Kraft zeigen. Je größer die Intensität, desto stärker der Gedanke.

Verlangen oder Bedürfnis ist der stärkste Faktor, der zur Intensität Ihrer Gedanken beiträgt. Im allgemeinen haben Sie Gedanken, die Bedürfnisse ausdrücken.

Wenn Sie ein *echtes* Bedürfnis haben, wird es das Universale Gesetz Ihnen erfüllen. Nicht weil das Gesetz Ihnen helfen will, sondern weil Ihr Denken aus Ihrem Wollen Kraft erhält. Wie oft im Laufe Ihres Lebens befanden Sie sich schon in einer verzweifelten Situation, und irgend etwas oder jemand kam unerwartet des Weges und half zur rechten Zeit. Warum?

Ist das Gottes Methode, den Bummlern zu helfen? Nein, die Erklärung ist komplizierter. Wenn Sie beispielsweise drei Tage lang nichts gegessen haben, fühlt sich Ihr Denken, besonders Ihr Ego, gestört, und Sie selbst meinen, daß Sie vielleicht sterben werden. Ihr Hunger wird zum intensiven Bedürfnis. Die Intensität dieses Bedürfnisses ergreift Besitz von Ihrem ganzen Bewußtsein. Sie denken nicht mehr daran, welche Filme gerade im Kino gezeigt werden, sondern Sie denken nur ans Überleben. Das Bedürfnis ist so stark, daß seine Dichte wie ein Magnet wirkt. Es zieht und zerrt an der physischen Ebene und sucht Erfüllung.

Wenn Sie durch eine Großstadt gehen, ist die Wahrscheinlichkeit groß, etwas zu essen zu bekommen. Wenn Sie aber als Astronaut gerade auf dem Mond sind und die Leute zu Hause vergessen haben, Ihnen Ihr Lunchpaket mitzugeben, dann befinden Sie sich in einer Dimension, in der es keine Übereinstimmung mit Ihrer Gedankenform gibt; Ihr Bedürfnis kann also nicht erfüllt werden. (Dann werden Sie richtig mager!)

Bei der Entwicklung Ihrer Affirmationen kommt es darauf an, daß Sie sich – nicht nur Ihr Bewußtsein – an den geeigneten Ort begeben, damit Ihr Bedarf gedeckt werden kann. Wenn Sie Immobilienmakler sind und jeden Monat Häuser verkaufen müssen, um essen zu können, sollten Sie nahe am Marktplatz sein. Wenn Sie sich in einer Berghöhle verstecken und gutgemeinte Gedanken-Affirmationen aussenden, wird Ihnen das nichts bringen. Konzertierte Aktion am Marktplatz ist hier vonnöten. Wenn Sie Ihr Schicksal in den Wind hängen, werden Sie tüchtig durchgeblasen.

Ihre Gedanken-Affirmationen werden Ihnen ermöglichen, echte Lösungen für Ihre Wünsche zu finden, aber am leichtesten zu erfüllen sind Dinge, die für Sie notwendig sind. Oft verwechselt das Ego Bedarf mit Wünschen. Es ist nicht unmöglich, einen Wunsch zu materialisieren, aber bei Bedürfnissen ist es leichter. Wenn erst einmal jeder Bedarf erfüllt ist, können Sie zu Ihren Wünschen übergehen. Denken Sie daran, die Gotteskraft rechnet und mißt nicht, noch unterscheidet sie zwischen Bedarf und Wunsch. Nur der Mensch kennt solche Unterschiede. Nur der Mensch hat ein »Armutsbewußtsein«. Die Gotteskraft kennt Armut nicht, sonst müßte sie Armut *sein,* und das ist sie nicht. Sie ist Fülle.

Haben Sie sich schon einmal Gedanken darüber gemacht, warum so viele Menschen Armut für spirituell oder göttlich halten? Warum unterstützen und ehren sie die Armut? Warum dulden sie Armut? Weil ein Teil ihres Bewußtseins sie noch nicht überwunden hat. Ihr Denken hält Armut für ein notwendiges Übel und versucht dann, aus dieser Situation Profit zu schlagen. Die Armut anzunehmen, gibt unserem Denken die Gelegenheit, »Ich Armes« zu spielen. Arm zu sein ermöglicht uns, Mitgefühl einzuholen und Emotion zu benützen, um andere zu Reaktionen zu manipulieren. Die Armen empfangen soviel Aufmerksamkeit und Beachtung in den Medien, weil die Energie andere in die vertrauten negativen Emotionen zieht, die mit Wünschen verbunden sind.

Ein armer Mensch reduziert seine Erwartungen und

Anstrengungen und verlangt weniger von sich selbst. Er behauptet: »Ich lebe im Schmutz, weil ich arm bin.« Die Wahrheit lautet aber: »Ich bin arm, also lebe ich im Schmutz.«

Dann wird Armut zu einem Unglück, das man einfängt wie eine Krankheit – nicht mehr die Folge eines Mangels an gemeinsamer Aktion. Tatsächlich aber ist Armut oft eine angelernte Reaktion. Die meisten armen Menschen haben ihre Armut selbst geschaffen, denn man kann nicht lange arm sein, ohne die Vorstellung der Armut zu unterstützen und sich ganz gut daran zu gewöhnen. Wenn jemand seine Armut mag, warum sollte ein anderer sich einmischen und versuchen, sie zu ändern? Aber genau das tun wir. Und umgekehrt erfinden wir Systeme, die Menschen arm machen.

Lassen Sie mich erklären. Diese Gedanken beziehen sich auf die Armut, wie wir sie in westlichen Gesellschaften finden, nicht auf die Armut in Afrika, die einen anderen spirituellen Hintergrund hat. Gäbe es in unserer Gesellschaft kein Stempelgeld, keine Sozialhilfe und keine Berechtigungsscheine, würde die Armut fast spurlos verschwinden. Die Armen zu füttern bedeutet, sie ihrer Initiativkraft zu berauben, mit deren Hilfe sie ihr Dilemma lösen könnten. Wenn ein armer Mensch sagt: »Ich brauche etwas zu essen«, ist seine Äußerung und damit seine Affirmation schwach, weil er weiß, daß er immer noch die Armenküche hat, wo es etwas zu essen gibt. Er spürt keine echte Dringlichkeit. Er kann tiefer in Apathie versinken und sagen: »Das ist mein Schicksal, es gibt keinen Ausweg«, und er wird dann natürlich auch keinen finden. Der Teufelskreis, sich mit immer weniger abzufinden und dann immer weniger zu bekommen, dreht sich weiter.

Die Armen vermitteln ihren Kindern Lektionen aus ihrer eigenen Erfahrung. So bekommen Sie eine Gesellschaft, in der ein Teil der Bevölkerung ständig von den Almosen der anderen lebt. Und weil die Almosen von der Regierung angeboten werden, braucht es nicht viel Emotion oder Dankbarkeit, um die Spenden in Empfang zu nehmen. Schließlich entsteht eine Gesellschaftsschicht, die dauernd aus der öffentlichen Hand lebt. Sie machen dies als ihr Recht geltend, und sie bekommen noch eine staatliche Rente, mit der sie das Einkommen aufstocken, das sie mit ihrer heimlichen Arbeit verdienen. Wenn Sie die Zeitung und all die Stellenangebote und Hilfsgesuche lesen, wundern Sie sich vielleicht, warum es noch soviel Arbeitslosigkeit gibt. Aber wenn der Mensch nicht arbeiten muß, um zu überleben, warum sollte er dann erst damit anfangen?

Der Begriff, die Verantwortung für den eigenen Lebensunterhalt an andere abzuschieben, wird von Generation zu Generation überliefert, und die Familien leben über Jahre hinweg von der staatlichen Unterstützung. Das eigentliche Ghetto ist aber in ihrem Kopf. Schwäche wird zur akzeptablen Krankheit, die nur schwer zu überwinden ist. Diese Krankheit ist in den westlichen Gesellschaften mit ihren sozialen Netzen fest verankert.

Holland ist hierfür ein gutes Beispiel. Hier gibt es ein sehr dichtes soziales Netz, das die arbeitende Bevölkerung finanziert, die mit einem der höchsten Steuersätze der Welt belastet wird. Binnen einer Generation wurde aus einem stolzen Volk von Landwirten, Kauf- und Handelsleuten eine bankrotte Nation mit massiven Drogenproblemen und dem höchsten Hippie-Bevölkerungsanteil der Welt.

In diesen Gesellschaften scheinen die Menschen am Grunde eines Brunnens gelebt zu haben, dessen Wände aus so massiver Apathie gemauert sind, daß ein Entkommen fast unmöglich ist. Wir alle befinden uns in verschiedenen Formen des gleichen Dilemmas. Unsere Situation ist vielleicht nicht ganz so trostlos, aber hier wirken die gleichen Prinzipien. In der Kindheit übernahm jeder von uns die Überzeugungen von anderen. Gleichgültig, ob diese Überzeugungen stark oder schwach waren, wir leben nach ihnen. Um dies zu überwinden, brauchen wir sehr viel Mut und riskieren möglicherweise Einsamkeit, wenn wir uns von alten Freunden und Denkgewohnheiten entfernen.

Spirituelles Wachstum bietet das Erlebnis ständiger Veränderung. Es bedeutet, das Alte hinter sich zu lassen und bereit zu sein, das Neue anzunehmen. Wenn Sie den Mut aufbringen, wirklich unabhängig zu werden, stellen Sie fest, daß das Universale Gesetz Sie unterstützt. Dann gleichen Sie dem einsamen Segler, der auf hoher See kreuzt und allein aus dem Mut seines Wagnisses zusätzliche Energie bekommt. Es wird Ihnen zwar kaum jemand danken oder gratulieren, aber Ihr Mut wird Ihre Erwartungskraft und Ihre Lebenskraft steigern.

Je intensiver Ihr Leben wird, desto mehr Dinge werden Sie erreichen, die Sie auch im Traum nie für möglich gehalten hätten. Aber wenn Sie warten müssen, bis die Umstände um Sie genau richtig sind, stellen Sie Ihre Ziele in einen »Zukunfts-Modus«, und das Universale Gesetz, das immer im Jetzt ist, wird nicht darauf ansprechen. Sie müssen mit dem, was Sie sind und was Sie haben, beginnen, und dann geduldig Schritt für Schritt auf Ihr Ziel zugehen. Das erregende

Gefühl, auf dem Wege zu sein und an Ihrer Unabhängigkeit zu bauen, gibt Ihnen Kraft. Die Dinge haben ihre Art zu arbeiten, und am Ende erreichen Sie Ihre Bestimmung.

Indem ich in der Gegenwart lebe, erkenne ich Wahrheit in meinem Leben an. Dies gibt mir Kraft.

Manche Menschen werden nun sagen, daß doch gewiß nicht jedermann unabhängig sein könne. Man brauche doch soziale Bewegungen, Regierungen, Gewerkschaften, Militär, Gesetze, Regeln, Bestimmungen, Gebote und Verbote. Wie sollten sonst Züge fahren? Das ist nicht von der Hand zu weisen.

Auf unserer Erde sind Milliarden von Menschen auf unterschiedlichen Stufen ihrer persönlichen und spirituellen Entwicklung. Jeder hat andere Bedürfnisse und andere Lektionen zu lernen. Jeder von uns hat ein spirituelles Ziel auf der Erde, selbst wenn dieses spirituelle Ziel für andere unattraktiv oder abstoßend ist. Für das Höhere Selbst hat alles einen Wert, und bestimmte Ereignisse haben einen großen Wert. Betrachten Sie es so: Manche Menschen gehen ins Stadion, mieten sich die beste Loge und genießen das Spiel in Komfort und Luxus, andere nehmen einen Stehplatz, und wieder andere verkaufen Popcorn oder reinigen im Stadion die Toilette – aber jeder erlebt etwas von dem Spiel. Die physische Ebene ist ein Ort, an dem wir Erfahrungen sammeln, nichts weiter.

Manche Menschen sind nicht hier, um frei zu sein. Das brauchen sie nicht, und sie würden sich in vollkommener Freiheit unsicher fühlen. Nicht jeder braucht Freiheit. Die meisten Menschen brauchen vielmehr

Einschränkungen, zumindest für einen Teil ihres Lebens. Wenn ihnen Grenzen gesetzt sind, lernen sie etwas über sich selbst. Wenn sie sich etwas gestärkt haben, sind sie dann soweit, daß sie ihre Grenzen überschreiten und die Freiheit kosten wollen.

Aber auf jeden, der der wahren Freiheit entgegenzieht, kommen viele andere, die Begrenzung vorziehen. Sie sind es, die die Züge fahren. Das hat nichts mit oben oder unten zu tun; es ist eine Frage der allmählichen Entwicklung. Der eine mag ein klein wenig weiter entwickelt sein als der andere, aber beide tragen die Gotteskraft in sich, beide haben die Möglichkeit, sich zu befreien. Die Bedürfnisse des einen Höheren Selbst sind nicht wichtiger als die eines anderen.

Wenn der Mensch einmal Gott akzeptiert, neigt er zu der Überzeugung, daß das Annehmen eines Gottes ihn besser mache als seine Mitmenschen. So denken die Juden manchmal, sie seien besser als die Moslems, die Moslems halten sich für besser als die Juden oder Katholiken, die sich wiederum für heiliger halten als die Protestanten. Und wenn Sie sich die »New Age«- oder die »Selbstverwirklichungs«-Bewegungen ansehen, treffen Sie auf Menschen, die sich für metaphysische Aristokraten und alle Baptisten, Methodisten oder Katholiken für unwissende Flegel halten. Für sie gibt es nur einen einzigen Weg zum Erleben der Gotteskraft: über die erleuchteten Lehren von Swami Rami the Barmy.

Es ist schwer, diese Scheinheiligkeit zu vermeiden, denn wir kommen durch das Ego zu Gott, und das Ego hängt nun einmal an seiner »Ich-bin-heiliger-als-du«-Vorstellung. Wir haben das Gefühl, etwas über den anderen zu stehen, und die Leute sollten uns irgendwie besonders behandeln, weil wir so erleuchtet sind, so bewußt, so weit voraus.

Es ist möglich, die Kleinkariertheit des Egos zu überwinden. Erstens muß man den Menschen gestatten zu sein, wo sie sind, und sie zweitens nicht beurteilen. Der wahrhaft spirituelle Mensch hat die Kraft, großherzig zu sein. Er besitzt die Kraft zu sagen: »Ich bin für mich selbst verantwortlich, und ich tue mein Bestes. Ich liebe mich, und ich liebe andere. Aber ich kann nicht für sie verantwortlich sein. Wie sie ihr Leben führen, ist Teil ihrer Evolution. Ich kann ihre Bedürfnisse nicht kennen und deshalb beurteile oder kommentiere ich sie nicht. Wenn du mich fragst, was ich denke, werde ich sagen: Ich denke nicht, denn ich weiß es wirklich nicht. Ich werde gerade erst meiner eigenen spirituellen Bedürfnisse bewußt – wie sollte ich die Bedürfnisse anderer kennen?«

Wenn Sie diese Haltung einnehmen können, werden Sie von anderen frei und damit erst wirklich ein Individuum. Wenn andere sich von Ihnen und dem, was Sie sagen, angezogen fühlen, dann ist das gut und in Ordnung. Wenn sie nicht angezogen werden, ist das ebenfalls gut und in Ordnung. Jeder ist am rechten Ort zur rechten Zeit.

Bei der Entwicklung Ihrer Affirmationen werden Sie Energie, Lebenskraft, Konzentration und Intensität einsetzen. Wenn die Kraft zu Ihnen kommt, wird das Ego vielleicht durch die plötzliche Aufmerksamkeit verführt, und Sie verfallen in Selbstgerechtigkeit. Es gibt nichts Unangenehmeres als einen Menschen, der immer »im Recht« ist. Oft sind diese Leute fest entschlossen, auch anderen ihr »Recht« aufzuzwingen – und am Ende sperren sie jene aus, die sie retten sollten.

Wenn Sie den wahren Sinn des Lebens entdecken, gehen Sie Ihres Weges und lassen andere den Sinn zu ihrer eigenen Zeit finden.

Nun wollen wir die Aspekte Raum und Zeit im Verhältnis zum Bewußtsein betrachten. Als Menschen existieren wir in Raum und Zeit, unser *inneres Selbst* jedoch nicht. Was unserem Denken als dringend erscheint, ist für das Höhere Selbst nicht unbedingt eilig. Bewußtsein ist in allem, was Sie umgibt. Ihre Gedanken, Ihr Körper, die psychische Umgebung, die Dimension, in der Sie leben, Ihr Heim, was Sie tun – alles ist von Bewußtsein durchdrungen. Wenn Sie etwas denken, ist es real. Es existiert in einer Dimension von Raum und Zeit, die sich von derjenigen unterscheidet, in der Sie leben.

Die Beziehung zwischen Ihren Gedanken und dem Raum-Zeit-Kontinuum, in dem Sie leben, beeinflußt alles, was Sie tun. Zunächst existieren alle Ihre Gedanken in der ewigen Gegenwart. Sie denken vielleicht an ein zukünftiges Ereignis, aber es ist nicht das Ereignis. Beispiel: Sie haben einen Tagtraum, nach der Arbeit einen Bekannten zu treffen, und sehen sich mit ihm in einem Restaurant sitzen und Kaffee trinken. Sie fühlen sich wohl, aber das ist nicht Realität: Es ist nur ein Bild *über* die Realität in Ihrem Bewußtsein. Tatsächlich kam Ihr Bekannter an dem fraglichen Tag vielleicht zu spät, das Restaurant war voll, und Sie gingen statt dessen ins Kino.

Diese Beziehung zwischen Ihren Gedanken und der materiellen Welt ist lebenswichtig. Damit zum Beispiel Zeit da ist, muß ein Verstand da sein, der sie wahrnimmt. Außerhalb des menschlichen Denkens ist Zeit vielleicht anders oder sie existiert überhaupt nicht. In anderen Welten muß die Realität ein Bewußtsein haben, das sie wahrnimmt, damit sie real wird. Ein grüner Baum im Walde ist kein grüner Baum im Walde, wenn niemand da ist, der ihn wahrnimmt. Wenn keiner da ist, hört er auf, ein »Baum« zu sein und wird eine Masse von Molekülen, die sich in einer Dimension der Natur entfalten, von unserer getrennt. Warum dies so ist? Nun, wenn ein Hund diesen Baum sähe, wäre es kein grüner Baum, sondern eine farblose Gestalt (denn Hunde sind farbenblind). Einstein sagte: »Alles ist relativ«. Da stehen also so viele Bäume, wie es Menschen gibt, die den Baum betrachten können. In einem berühmten Zen-Koan heißt es: »Wenn ein Baum im Wald fällt, und keiner ist da – macht er dann ein Geräusch?« Die Antwort ist ein klares *Nein*.

Gleiches gilt für die Zeit. Es gibt keine Zeit jenseits des Bewußtseins unseres Geistes. Ein Tag ist eine Maßeinheit des Bewußtseins. Gäbe es keine Menschen, gäbe es auch keine Tage. Zeit wird vom Menschen für den Menschen erschaffen. Ihre Gedanken und besonders Ihre Affirmation bestehen also in dem illusionären Zusammenhang der Zeit. Ihr Denken ist ein ewiges Ereignis, selbst wenn der Gedanke sich auflöst und zu etwas anderem wird. Ihre Position in Zeit und Raum im Verhältnis zu Ihrem Denken ist lebenswichtig. Ihre Affirmationen müssen sich in der Zukunft materialisieren, selbst wenn die Zukunft nur fünf Minuten von Ihnen entfernt ist. Die Gedanken, die Sie erzeugen, handeln entweder von der Vergangenheit, der Gegenwart oder der Zukunft. Doch selbst wenn Sie an die Zukunft denken, ist es nicht die »Zukunft«, sondern die Gegenwart, die eine mögliche Zukunft erfindet. Jetzt ist die einzige Realität.

Wenn Ihre Gedankenform ein Charakteristikum der Zukunft birgt, dann ist sie schwach, denn in dem Charakteristikum der Zukunft muß ein Element der Phantasie sein. Selbst wenn es nicht Phantasie enthält, wird es zumindest einige Aspekte haben, die nicht festgelegt sind. Sie sind, wo Ihr Bewußtsein ist. Wenn Ihr Bewußtsein sich in die Zukunft richtet, wird Ihr Vermögen reduziert, die Realität zu verändern, die im Jetzt ruht.

Um Ihre Affirmation in der ewigen Gegenwart zu halten, müssen Sie Ihre Wahrheit glauben, selbst wenn Ihr Bedürfnis noch nicht erfüllt ist. Durch Konzentration auf den Augenblick und Ausschluß aller unnötigen Ablenkungen werden Sie Ihre Kraft in voller Stärke spüren, und das Universale Gesetz wird Sie motivieren und beleben.

Das Denken bleibt in seinen Erwartungen stecken. Es beschließt, wann oder wo etwas zu geschehen habe, und wird dann enttäuscht, wenn es nicht so kommt. Doch das ganze Leben ist ein Ratespiel. Unser Denken kalkuliert aufgrund seiner bisherigen Erfahrung und geht davon aus, daß die künftigen Ereignisse diesem Muster entsprechen. Aber das Leben präsentiert uns oft andere Umstände. Wenn etwas Unerwartetes geschieht, dann bestrafen Sie sich nicht. Es ist unmöglich, immer richtig zu raten. Die Tiere im Walde machen sich keine Gedanken, was geschehen könnte; sie *leben* einfach. Wenn Sie einmal die Dinge akzeptieren, wie sie kommen, und aufhören, sich selbst unter Druck zu setzen, dann wird Ihr Leben ruhiger. In dieser Ruhe wird Ihre Kraft wachsen.

Bei der Arbeit mit Affirmationen lassen Sie ihnen freien Lauf, und lassen Sie sie fließen. Wenn Sie versuchen, eine Affirmation in einen zeitlichen Rahmen zu zwängen, der zu eng ist, zerstört die Dringlichkeit, die Sie schaffen, Ihre Arbeit. Es ist am besten, eine klar definierte Absicht zu formulieren, und sie in einen möglichst großen und unbestimmten zeitlichen Rahmen zu stellen. Das wird funktionieren. Achten Sie auch darauf, wie Sie in Affirmationen Ihre Bedürfnisse formulieren. Wenn Sie nicht exakt genug sind, und Ihre Affirmation ist schlecht abgefaßt, verliert sie Kraft. Beispiel: »Bis in drei Monaten werde ich reicher sein.« Diese Affirmation hat wohl einen guten zeitlichen Rahmen – aber was verstehen Sie unter »reicher«? Vielleicht finden Sie auf der Straße einen Pfennig, und schon wäre Ihr Wunsch erfüllt. Hatten Sie das gemeint?

Wenn Sie Ihren Gedanken formulieren, ohne ihn zu starr festzulegen, gewinnen Sie Dichte und Kraft. Sie würden also folgende Worte gebrauchen: »Innerhalb von drci Monaten werde ich mein Einkommen um mindestens zwanzig Prozent steigern.« Diese Affirmation ist wohl definiert, hat einen gut bemessenen zeitlichen Rahmen und ist vage genug, um dem Geld die Freiheit zu lassen, irgendwoher zu fließen. Sie haben Ihre Gedankenform zu einem konzentrierten Bewußtseinsstrahl gebündelt. Ihrem Wunsch wird stattgegeben.

Ich bin in meiner Mitte und konzentriere mich auf mein Leben; so beschleunige ich meine Evolution.

9

Nachtaffirmation durch den Tunnel des Lichts

Bevor wir zum Ende des Abschnittes über Affirmation kommen, möchte ich noch kurz über einige meiner nächtlichen Experimente mit Affirmationen sprechen. Ich kann Ihnen hier Techniken anbieten, die sich für mich als von unschätzbarem Wert erwiesen haben, Ideen, die, wie ich meine, funktionieren.

Zuerst wollen wir den metaphysischen Hintergrund dieser Begriffe anschauen. Der Mensch ist im Grunde eine Sammlung von Bewußtsein, ein individuelles Molekül der Gotteskraft. Er existiert in einem Meer von Bewußtsein oder auf der physischen Ebene. Diese Ebene erweckt den Anschein, fest zu sein, ist aber in Wirklichkeit eine andere Form des gleichen Bewußtseins, im Menschen verkörpert. Sie erscheint fest aufgrund der Geschwindigkeit, mit der sich die Atome bewegen. Tatsächlich aber ist die physische Ebene nicht fest: Die Atome und Moleküle, die so solid erscheinen, sind im Grunde Wellen-Bewegungen.

Ihr Körper ist ebenfalls eine Wellen-Bewegung. Gleichzeitig aber existiert ein Teil Ihres Bewußtseins auf einer höheren Ebene als ein Teil des Höheren Selbst. Das Höhere Selbst ist ein individualisierendes Molekül der Gotteskraft, das Identität hat und Sie mit allen Dingen verbindet. Aber das erklärt nicht alles.

Das Gehirn wirkt als Hemmung, die uns von den inneren Dimensionen des Bewußtseins jenseits der irdischen Ebene abschneidet. Ohne diese Funktion könnten wir uns nicht aufs Überleben konzentrieren. Das Höhere Selbst ist immer bei uns, aber es lenkt nicht unser Denken oder unsere Erlebnisse. Seine Energie unterhält uns, und wir wiederum sammeln Erfahrungen für es. Irgendwie hilft es uns zu wachsen.

Wenn wir wach sind, dominiert das Ego. Wir konzentrieren uns auf unser physisches Dasein und stellen unser metaphysisches Selbst beiseite. Im Schlaf ordnet der Geist sich neu, schaut zurück, trägt zusammen und sortiert die Erlebnisse des Tages. Wenn dies einmal abgeschlossen ist, kann das *innere Selbst* aus der physischen Ebene in eine andere Dimension des Daseins wandern. Weil die Energie dieser anderen Ebenen viel feiner ist als auf unserer Ebene, sind uns die dort verwendeten Symbole fremd. Was immer an Information übertragen wird, übersteigt unseren Intellekt, deshalb haben wir beim Erwachen nur eine schwache Erinnerung, vielleicht das Gefühl, ein paar Stunden woanders gewesen zu sein oder einer geheimnisvollen Verbundenheit mit anderen Welten. Manchmal haben wir seltsame Träume, die unser Leben zu kommentieren scheinen. Ich glaube, daß durch die Träume unser Geist Symbole aus höheren Welten in eine Sprache überträgt, die er versteht.

Daß nachts eine Kommunikation mit diesen höheren Welten besteht, ist nicht zu beweisen. Viele Menschen jedoch haben solche Erfahrungen und halten sie für wahr. Ich meine, daß Sie nicht von solchen Welten »träumen« könnten, wenn nicht ein Teil von Ihnen in irgendeiner Form dort bereits existierte.

Eines Tages erschien mir in einer Theta-Meditation eine Hand, die mir eine eigentümliche geometrische

Form darbot. Sie glich in nichts dem, was ich schon einmal gesehen hatte. Sie war rechteckig, quadratisch und dreieckig zugleich. Sie schien sowohl Zeit als auch Raum zu umfassen und war von diagonalen Linien durchzogen. Diese Form und die Hand waren voll lebendiger Energie. Die Linien waren Teil des Symbols, und dies wiederum gehörte irgendwie zu den Linien. Später fand ich heraus, daß es eine Art von »Zugangscode« für eine andere Welt war, so etwas wie die Kennziffer eines Computers, mit der wir eine Information abrufen können. Das Symbol gehörte zu dem Wesen oder der Energie, die ich später den »Türhüter« nannte. Ich weiß nicht, ob die geheimnisvolle Form der Türhüter ist oder nur ein Symbol, das den Türhüter darstellt. Kurz nach diesem Erlebnis veränderte sich das Symbol und vereinfachte sich zu der Form eines Rades.

Jeden Tag ging ich in Trance, und sobald ich entspannt war, erschien das Rad. Doch in über zweitausend Meditationen hatte es niemals die gleiche Form. Es veränderte sich dauernd. Die Gestalt und Größe des Rades und besonders der Winkel, aus dem ich es wahrnahm, waren jedesmal anders. Gelegentlich ist es mehr als ein Rad. Sobald der »Zugangscode« gegeben ist, taucht Information auf in Form von Symbolen oder manchmal von Worten. Bei manchen Gelegenheiten erscheint der Tunnel, der mir erlaubt, in andere Evolutionen einzutreten. Ich habe bemerkt, daß sich der Tunnel wie ein gekrümmter Schlauch nach rechts zu biegen scheint und sich im Uhrzeigersinn dreht. Zuerst dachte ich, dies hätte etwas damit zu tun, daß ich mich auf der nördlichen Erdhalbkugel befand. Aber bei einer kürzlichen Reise nach Australien fand ich heraus, daß der Tunnel sich auch dort im Uhrzeigersinn dreht.

Eine Energiewelle kommt den Tunnel herab, eine andere steigt in ihm empor. Die beiden Energien winden sich umeinander wie Lakritzstangen. Ihre Doppelhelix-Gestalt sieht genauso aus wie die bekannten Darstellungen des DNS-Moleküls.* Zuerst dachte ich, der Tunnel sei von den beiden Energien unabhängig, aber dann erkannte ich, daß der Schlauch oder Tunnel aus der Form der Energien gebildet wird, so wie sie sich umeinander winden, und mir scheint, daß er der Bereich in der Mitte der beiden Energiewellen ist.

Wenn Sie jemals Berichte von Menschen gelesen haben, die Todeserlebnisse schildern, werden Sie sich noch erinnern, daß viele davon sprechen, durch einen Tunnel oder eine Röhre aufgestiegen zu sein. Ich glaube, der Tunnel, den ich sehe, ist der gleiche, und er stellt die Verbindung zu anderen Welten dar – wie eine Schnellstraße. Bei einem meiner ersten Ausflüge über den Tunnel gelangte ich zum Beispiel in eine graue »Zwielicht-Welt«. Die Leute dort waren verwirrt, und meine Anwesenheit versetzte sie in Schrecken. Ihre Verfassung war jämmerlich, und ich wollte ihnen helfen, wußte aber nicht wie. Meine Bemühungen verängstigten sie nur noch mehr. Eine Woche lang kam ich jede Nacht in dieser Welt an. Meine Gegenwart war eine Belästigung, und ihre Reaktion bekümmerte mich zutiefst. Ich gab meine täglichen Trance-Übungen für den Rest des Monats auf, und als ich die Meditation wieder aufnahm, war die Zwielicht-Welt verschwunden.

---

* siehe Illustration auf Seite 161

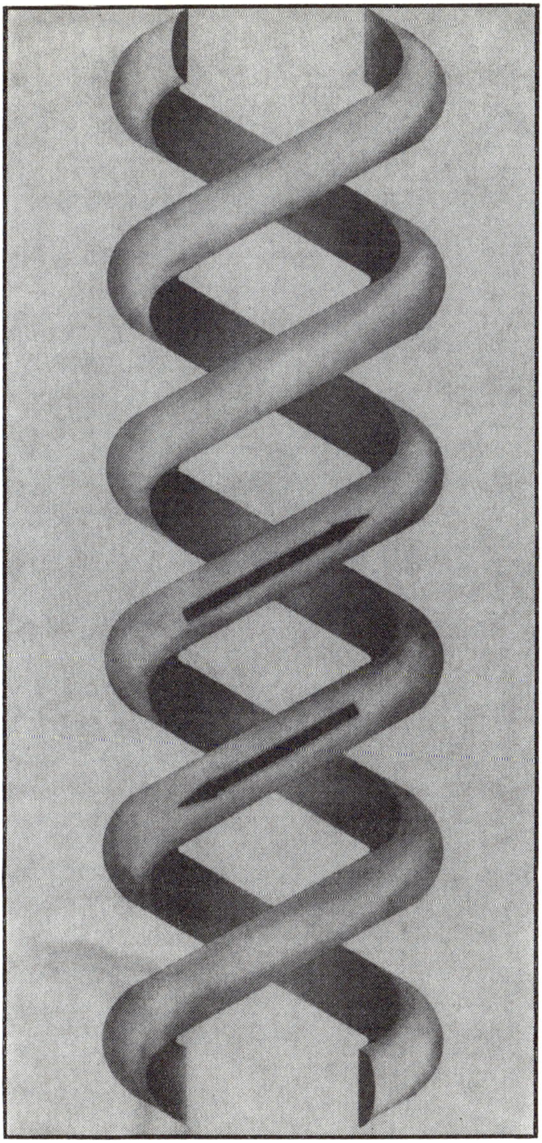

Der Helix Tunnel, der zwei Welten verbindet

Einmal fand ich mich auf der Schwelle zu einer ausnehmend schönen Welt. Sie erstrahlte im Lichte Gottes, und ihre Intensität war so stark, wie ich es noch nie zuvor erlebt hatte. Ich wollte eintreten, aber meine eigene Energie vermochte das nicht zu ertragen. Also bat ich um Hilfe. Eine Kugel weißen Lichtes erschien hinter meiner linken Schulter, verweilte dort einen Augenblick und schoß dann vor in jene Welt – wie ein Fußball, der Richtung Tor gefeuert wird. Dann verschwand die Lichtkugel. Ich hatte den Eindruck, daß ein Teil von mir in der Kugel war, und als dieser Ball in jene Welt eintrat, nahm sie einen Teil von mir mit sich. Irgendwie zeigte mir das, daß ich später dort eintreten könnte. Ich lernte aus jenem Erlebnis, daß wir oft vergessen, um Hilfe zu bitten. Wir fühlen uns allein und verlassen, und doch sind Kräfte in uns, die wir lenken, oder die für uns gelenkt werden, vielleicht vom Höheren Selbst hinter unserem Denken.

Als Menschen hüllen wir uns in unsere eigenen Leben und Gedanken. Unsere Gedanken erzeugen ein dauerndes Geschnatter. Die inneren Welten, die uns inspirieren würden, können nicht hindurchdringen. Aber wenn wir uns umdrehen und dem Licht zuwenden, strömt dessen Kraft zu uns. Ich habe mich daran gewöhnt, abends eine Affirmation zu sprechen, die Sie am Ende dieses Abschnittes finden. Dann halte ich Rückschau über den hinter mir liegenden Tag, wobei ich in der Zeit zurückgehe, also mit den Ereignissen des Abends beginne, weil sie noch näher und intensiver sind als Geschehnisse, die sich Stunden früher bei Tagesanbruch abspielten. Ich achte besonders darauf, mich von allen Gefühlen zu lösen, die ich in bezug auf diesen Tag habe, gut oder schlecht. Ich befasse mich auch mit allen zwischenmenschlichen Begegnungen. Sie scheinen einen stärkeren Einfluß auf die Psyche zu nehmen als andere Ereignisse. Ich glaube, daß die tägliche Rückbesinnung die Notwendigkeit zu träumen ein wenig reduziert und Ihnen mehr Zeit läßt, im Schlafe höhere Welten zu erleben. Dann betrachte ich, was ich an diesem Tage gelernt habe, und danke für alles Erfrischende, das ich erlebte. Danach »strecke« ich mich durch den Scheitel hinaus, dehne mein Denken so lang wie möglich aus. Aus irgendeinem Grund ist das sehr schwierig. Aber ich tue es so gut wie ich kann. Zur Vervollständigung meiner abendlichen Übungen spreche ich eine Affirmation, die meine Nacht zur Verfügung stellt, wenn dies passend ist, und ich bitte mein Höheres Selbst, mir bei meiner Entwicklung zu helfen.

Ich stelle diese Nacht zur Verfügung, falls dies angemessen ist. – Ich rufe mein Höheres Selbst an, mir in meinem Erkennen und Wachsen beizustehen.

Gelegentlich wache ich morgens mit dem sicheren Gefühl auf, in irgendeiner Weise unterrichtet worden zu sein. Etwa alle drei Monate wache ich in einem Zustand himmlischer Ekstase auf. Mein ganzes Wesen ist ruhig und versteht den Sinn der Dinge. Ich versuche, dieses spezielle Gefühl so lange wie möglich durch eine Lichtmeditation aufrechtzuerhalten. Ich bin überzeugt, daß die Nutzung der »Traumzeit« mir im Laufe der Jahre geholfen hat, deshalb empfehle ich Ihnen, es ebenfalls zu versuchen. Denken Sie einmal darüber nach: Was gibt es *sonst* schon zu tun im Dunkel der Nacht?

Zur Zeit der Niederschrift dieser Zeilen bin ich um

die zweihundertmal aufwärts durch den Tunnel gedriftet. Es ist ein Ort, der viele unterschiedliche Welten miteinander zu verbinden scheint. Wenn ich den Tunnel sehe, sende ich einen Gedanken an den Türhüter, mir etwas Neues zu zeigen. Es scheint, daß sich, was dann passiert, meiner Kontrolle entzieht. Manchmal verschwindet der Tunnel. Dann wieder finde ich mich in neuen Dimensionen mit so fremdartigen Sprachen, daß ich mich vor Angst davonmache.

Es scheint so viele Welten wie menschliche Stimmungen zu geben und noch andere, die überhaupt nicht menschlich sind. Manche Welten sind schrecklich. Es gibt beispielsweise eine Dimension, die die physische durchdringt. Sie besteht aus Wesen, die teilweise auf der physischen Ebene sind. Sie haben sehr gemeine menschliche Begierden. Ich habe einige gesehen, die mehr oder weniger menschlich aussehen, andere scheinen halb Mensch, halb Tier zu sein. Ihr Anblick ist widerwärtig. Ich frage mich, wie Engel uns sehen. Ein menschliches Wesen ist vor diesen groben Welten in der Regel durch einen Schutzschild geschützt, der von den Atomen und Molekülen des Körpers und der Lebenskraft des Geistes ausstrahlt. Die Theosophen bezeichnen diesen Schutzschild als ätherisches Netz. Manchmal bricht dieser Schutz zusammen, manchmal durch Drogen und Alkoholgenuß. Aber auch durch Krankheit oder extreme emotionale Unausgeglichenheit kann das geschehen.

Ein Mann rief mich aus New York an und beklagte sich, von einem jener Wesen homosexuell vergewaltigt worden zu sein. Er sagte, während dies geschah, spürte er die Gegenwart von etwas intensiv Bösem, und nach dieser Begegnung habe es in seiner Wohnung widerlich gerochen. Dieser Mann hatte offenbar vor einigen Jahren einen Betriebsunfall erlitten. Er bekam eine Erwerbsunfähigkeitsrente und lebte allein. Mit seinem Leben fing er nichts an, und so begann sein Vorrat an Lebenskraft zu schwinden. Ich glaube, er trank, auch wenn er dies verneinte. Im Laufe der Jahre verließen ihn seine Kräfte, so daß jenes quasi-physische Wesen mit ihm machen konnte, was es wollte. Ich empfahl dem Manne, ein rigoroses Programm aus Bewegungsübungen und Diät durchzuführen. Und ich gab ihm Anweisungen zum Wiederaufbau seiner Lebenskraft und zur Ausrichtung auf das Licht. Sein Leben besserte sich, und schließlich rief er mich nicht mehr an.

Von meinen Reisen »durch den Tunnel empor« habe ich Wissensfragmente mitgebracht, die Grundprinzipien des Lebens sind. Aber jedesmal, wenn ich jene Welten besuche, stelle ich fest, daß ich nur einen kurzen Blick auf das werfen kann, was dort geschieht. Es ist, als betrachte man einen Film, von dem man nur alle halbe Stunde einen Zehn-Sekunden-Ausschnitt gezeigt bekommt. Aus den Zeitraffer-Ausschnitten muß man sich dann die ganze Geschichte zusammenreimen.

Soweit ich sagen kann, sind die Dimensionen jenseits der Erde durch Bewußtseinsschranken voneinander getrennt. Die Bewohner der einen Welt wissen in der Regel nichts von den Bewohnern der anderen. Die feineren Dimensionen werden vom Licht der Gotteskraft durchstrahlt und scheinen positiv und angenehm. Andere Welten sind grau oder sehr dunkel und scheinen allein um der Unterdrückung oder um des Bösen willen zu existieren. Ich habe den Eindruck, daß die Qualität der Welten von ihren Bewohnern bestimmt wird.

Wenn gleichgesinnte Bewohner in den dunklen Bereichen zusammenkommen, scheint die Energie, die sie erzeugen, wie eine Falle zu wirken. Ihre Fähigkeit, sich selbst und andere zu fangen und zu binden, ist furchterregend. Niemals habe ich eine Möglichkeit entdeckt, in das Bewußtsein der Dunklen einzudringen. Sie leben ganz für sich und freuen sich am Bösen ihrer eigenen Dimension. Die Welt von heute ist ähnlich, keiner sieht seine Umwelt als häßlich. Wir alle halten unser Leben für lohnend und betrachten unser Tun als gut oder sinnvoll.

Gefangen in unseren eigenen Gedanken, fällt es uns schwer, aus uns herauszutreten und unser Leben wirklich zu sehen. Die in einem früheren Kapitel erwähnte Dreißig-Tage-Übung kann hier helfen. Sie ermöglicht uns zu erkennen, was wir geworden sind. Die Schönheit ragt heraus, und die grauen Teile – falls vorhanden – liegen als Kontrast daneben.

Emanuel Swedenborg berichtet, daß Wesen aus einer Dimension nicht mit den Bewohnern einer anderen kommunizieren können, außer durch den Geist des Empfängers. Das bedrückte mich, denn ich glaubte an die spirituelle Medialität und die Möglichkeit, Informationen von höheren Wesen zu empfangen, die dem eigenen Bewußtsein fremd sind. Die Antwort erwies sich als unendlich komplexer, als ich es mir vorgestellt hatte.

Jene Wesenheiten, die auf den höheren Ebenen existieren, teilen sich direkt durch Gedanken oder Gefühle mit. Sie nehmen die Lebenskraft, formen jenes Licht zu ihrer eigenen Identität und strahlen es aus. Diese Informationsübermittlung geschieht fast augenblicklich und scheint die Intensität oder Kraft des Wesens widerzuspiegeln. Ich glaube, diese Kommunikations-Quanten bewegen sich schneller als das Licht. Wenn ich Sie auffordere, an die Sonne zu denken, brauchen Sie etwa eine halbe Sekunde, um das entsprechende Bild aus Ihrem Unterbewußtsein abzurufen. Doch das Licht der Sonne benötigt mehrere Minuten, um uns zu erreichen. Das bringt mich auf den Gedanken, daß unser Bewußtsein möglicherweise beweglicher ist als das Licht.

Am anderen Ende des Tunnels machte ich eine Beobachtung: Wenn ich eines der Symbole so betrachte, wie ich meine Augen gewöhnlich auf der physischen Ebene gebrauche, verliere ich das Bild. Es wäre verschwunden, bevor ich es wahrnehmen kann. Ich lernte, einen Eindruck von dem Symbol aufzunehmen, ohne es direkt anzuschauen. Das mag widersprüchlich klingen, ist aber nicht so schwierig. Es ist hauptsächlich eine Übung, die eigene Persönlichkeit beiseite zu schieben, um Energie direkt zu empfangen in einer Form, die zwar ungewöhnlich, aber zu handhaben ist. Man braucht einen passiven und aufnahmebereiten Geist; man hat einfach keine Zeit zu beurteilen oder zu analysieren, was gegeben wird.

Ich gehe davon aus, daß die Information, die ich vom Tunnel empfangen habe, für jeden verständlich ist, der die Schwingungsebene erreicht hat, auf der sie entstand. Viele Dimensionen sind weitab, und Energie aus diesen höheren Welten muß sich nach unten transformieren in Begriffe, mit denen wir etwas anfangen können, um uns im Rahmen der Fähigkeiten unseres Bewußtseins zu erleuchten. Dies ist der einzige Weg, sie zu nutzen.

Wenn Sie mit Channelling und der Kommunikation

mit Geistwesen vertraut sind, wissen Sie vermutlich, daß viele solcher Übermittlungen in eindrucksvoll klingenden »kosmischen« Worten formuliert sind – der eigentliche Inhalt dieser Botschaften könnte aber von jedermann stammen. Mir ist klar, daß manche mit mir über diesen Punkt streiten würden, aber nur, weil die Leute gerne das Gefühl haben, eine Art »Weiße Bruderschaft« übermittelt kosmische Botschaften zur Erlösung der Menschheit. Das hilft den Menschen, sich als etwas Besonderes zu empfinden, und das ist in Ordnung. Denn wenn das Medium ankündigt: »Diese Lehre kommt direkt von unserem großen geistigen Meister Bongo-Dongo, der vor zehntausend Jahren starb«, ist es zweifellos eindrucksvoller, als wenn das Medium gesagt hätte: »Dies ist meine Lehre, und auch wenn sie vielleicht von Bongo-Dongo inspiriert ist, stammt sie in Wirklichkeit aus meinem eigenen Bewußtsein.«

Der »Kanal« oder das geistige Medium hat in der Regel keinen direkten Zugang zu den geistigen Welten, mit denen er/sie kommuniziert. Wenn ich Ihnen also sage, daß die Energie, die durch die Geistführer kommt, Lichtquanten sind, die Informationen aus dem Bewußtsein des Mediums freigeben, und daß nichts ausgesprochen wird, was dort nicht bereits vorhanden ist, dürfte es jedem, der keine direkten Erfahrungen mit diesen Welten hat, schwerfallen, dies erfolgreich zu bestreiten. Und wer in diesen inneren Welten gewesen ist, wird wissen, daß das, was ich sage, korrekt ist.

Letzten Endes kommt es darauf an, ob die Lehren den Menschen helfen oder nicht. Wenn der gute alte Bongo-Dongo den Menschen zur Freiheit verhilft, dann ist das schön. Und wenn Sie die Botschaften in eine Menge Hokuspokus verpacken müssen, damit Ihnen jemand zuhört, was soll's? Nur Resultate zählen.

Ein Aspekt der Kommunikation Jesu mit den höheren Mächten (in der Bibel symbolisch als sein Vater dargestellt) läßt mich staunen. Wenn Jesus das kosmischste Wesen ist, das je über die Erde wandelte – wie kommt es dann, daß er so viele einfache Dinge nicht wußte: zum Beispiel wie Elektrizität funktioniert, wie man Fahrrad fährt oder wozu man Gummibänder gebraucht? Die Pocken waren eine Plage zu seiner Zeit. Warum konnte er sie nicht heilen? Nein, ich habe nicht die Absicht, die Lehren Jesu verächtlich zu machen, aber ich halte es doch für wichtig. Ich fragte einen mir befreundeten Priester, was er darüber denke. Er antwortete, nach christlicher Ansicht sei Jesus mit der modernen Technik vertraut gewesen, habe es aber vorgezogen, nicht darüber zu sprechen.

Mag sein oder nicht. Ich habe das Gefühl, Swedenborg hatte recht. Jesus mußte Information, die von den höheren Mächten in sein Bewußtsein floß, in Begriffe übersetzen, die er selbst verstand. So sprach er über Liebe, über das Gesetz und die Achtung aller Dinge. Das war wichtig zu seiner Zeit, so wie heute. Die Erfindung der Glühbirne und die Heilung der Pocken würden nach etwa zweitausend weiteren Jahren Menschheitsentwicklung ohnehin folgen.

Wird dadurch was er lehrte in Frage gestellt? Nicht im geringsten. Dies bestätigt vielmehr Swedenborgs Ansicht, daß wir nur die Information empfangen können, die der Fähigkeit unseres Geistes entspricht.

Ich glaube, daß, als Jesus bei seiner Taufe im Jordan von Johannes untergetaucht wurde, der Ego-Teil seines

Geistes freigesetzt wurde, was in der Bibel symbolisch wiedergegeben wurde als eine Taube, die von ihm aufflog. Als das Ego beiseitetrat, trat die Macht der kosmischen Projektion hervor, die ihm half, in Erscheinung zu treten. Dessen ungeachtet teilte sich diese Projektion über den Geist in der Sprache der Welt mit, in der er lebte.

Ihr Geist birgt gewaltige Informationsschätze, derer Sie sich zum größten Teil gar nicht bewußt sind. Energie aus höheren Welten kann Ihnen diese Information auf kluge und erfrischende Weise vermitteln. Aber sie würde Ihnen nicht die Heilmethode für Aids durchgeben, wenn Ihr Bewußtsein nicht bereits die Grundlage für das Rezept hat. Edison machte Tausende von Experimenten, bevor er die Glühbirne vorzeigen konnte. Aber die Saat jenes Durchbruchs existierte in seinem Geist lange, bevor er sich dessen bewußt wurde.

Ich halte es für wichtig, daß Sie sich bei Nacht-Affirmationen »öffnen«, um Energie zu empfangen, die Sie vielleicht auf ungewohnte Weise beeinflußt. Etwa zehn Prozent der Zeit, die ich »oben im Tunnel« verbrachte, hielt ich mich in Sphären auf, die mir fremd waren. Weil die Symbole nicht Teil meines Bewußtseins waren, konnte ich nicht verstehen, was dort mitgeteilt wurde. Doch jene Erfahrungen waren wertvoll, weil sie mich lehrten, meine Sicht der inneren Welten zu erweitern. Jede Situation besteht aus dem, was Sie erwarten (und was durch Ihre Wahrnehmungen eingeschränkt wird), und dem, was jenseits Ihrer Wahrnehmung geschieht. Der verborgene Sinn des Lebens wird seine Geheimnisse allmählich preisgeben. Mit Übung werden Sie einen sechsten Sinn entwickeln, um den

Sinn hinter dem Offensichtlichen zu erspüren, und Sie werden es genießen, wenn sich mehr und mehr Quellen auftun.

Dieser schrittweise Öffnungsprozeß wird widergespiegelt in dem ätherischen Energieschild, der Ihren Körper umgibt. Die Hindus nennen die Energie-Wirbel in diesem Schild *Chakras*. Durch diese Wirbel fließt Energie in und aus dem Schild. Interessanterweise ähnelt die Energie, wie sie durch die *Chakras* ein- und ausfließt, im kleineren Maßstab dem Vorgang im Tunnel. Ich glaube, daß Ihre Energie Sie beim Tode durch die *Chakras* verläßt, was Ihnen den Zugang zum Tunnel ermöglicht.

Viele, die einen spirituellen Weg beschreiten, haben mir gegenüber ein kribbelndes Gefühl am Scheitel erwähnt, im Bereich des Scheitel-*Chakras*. Einige dieser Berichte mögen wohl auf Kopfschuppen zurückzuführen sein, aber die Geschichten gleichen sich so auffallend, daß ich zu dem Schluß neige, dieses Kribbeln mag zuweilen von der Ausdehnung oder Kontraktion des Energiewirbels verursacht sein. Ich habe das gleiche erlebt, besonders im Bereich der Kehle: Von Zeit zu Zeit fühlte es sich an, als würde mein Kinn von einer starken Energie nach oben geschoben.

Die Ausdehnung der *Chakras* ist allmählich. Wenn sie zu rasch erfolgt oder forciert wird, kann Schaden und sogar körperlicher Schmerz entstehen. In Trance versuchte ich einmal etwas, das meine Fähigkeiten überstieg. Ich hob mich in waagrechter Lage etwa einen halben Meter aus meinem Körper heraus. Mein Astralkörper war der Zimmerdecke zugewandt. Dann drehte ich meinen Astralkörper um die Längsachse, so daß ich nun von Angesicht zu Angesicht über meinem physischen Körper schwebte, dann versuchte ich, den physischen Körper emporzuheben. Sehr kompliziert! Dabei empfand ich einen Blitz brennenden Schmerzes, der mir durch die Kehle schoß. Dieser Schmerz schleuderte mich in die Realität zurück, und mein physischer Körper hatte noch etwa zwanzig Minuten lang starke Beschwerden. Dieses Erlebnis war offenbar gar nicht so ungewöhnlich. Ich habe von Trance-Medien erfahren, die ihre Kommunikation über das Kehl-*Chakra* durchführen, was, wenn sie nicht im Gleichgewicht sind, zu inneren Blutungen im Hals führen kann. Bei einem britischen Medium, das ich flüchtig kannte, spielte das Herz-*Chakra* in Trance nicht mehr mit, und der Mann verschwand auf der Stelle in die geistige Welt, zum Entsetzen der um ihn Versammelten.

Das *Chakra*-System ist die Lebensader zur Gotteskraft, und deren Öffnung kann nicht erzwungen werden. Nach meiner Erfahrung öffnet sie sich allmählich im Laufe der Jahre, parallel zu Ihrer Entwicklung als menschliches Wesen. Es kommt darauf an, jene Großmut zu entfalten, die es Ihnen ermöglicht, ohne emotionelle Verwicklung Teil aller Dinge zu sein. Wenn Sie emotionell sind, schließt sich das Herz-*Chakra,* um sich zu schützen, wie eine jener See-Anemonen, die sich bei Berührung sofort schließen. Das Herz-*Chakra* verhindert so einen Schaden des ätherischen Schutzgewebes, der durch einen massiven, unkontrollierten Energieschub durch das *Chakra* entstehen könnte, verursacht durch Unausgeglichenheit. Wenn das Herz-*Chakra* sich schließt, trennt es Sie von der Lebenskraft, und Ihre Fähigkeit, Ihre Gefühle und Gedanken zu entgiften, wird dadurch reduziert. Aus diesem Grunde bleiben negative Menschen jahrelang im gleichen Zustand. Das

Gift ihrer Gefühle isoliert sie, und sie leben und atmen ihre eigene Realität, die ihre Entscheidung zur Negativität verstärkt.

Der Schlüssel zur Öffnung und Weitung des Herz-*Chakras* heißt Offenheit. Je mehr Sie in Sanftmut und Fürsorge investieren, und je entspannter Sie in Ihrem Leben sind, umso mehr fließt Ihre Energie. Die in früheren Abschnitten besprochenen Methoden über Gedankenkraft werden Ihnen hier helfen. Lassen Sie uns zurückschauen: *Variante,* die Fähigkeit, Ihr Leben in realistischen Begriffen zu akzeptieren und nicht durch Phantasie. *Identität* oder Ihr Glaube an die Einheit mit der inneren Gotteskraft; *Übereinstimmung* oder Sie leben Ihr Leben grenzenlos und entwickeln Ihre Lebenskraft durch einen starken physischen Körper, Sie kontrollieren Ihre Emotionen, Gedanken und Ihr philosophisches Verständnis. Dazu gehört auch eine Weltanschauung, die Ihnen die Freiheit gibt, ein Individuum zu sein, frei von den unsinnigen Regeln und Gesetzen, die wir uns selbst auferlegen.

Schließlich halte ich die Praxis der Meditation und Entspannung für lebenswichtig, denn sie erlaubt Ihnen, Ihr Leben zu überdenken und sich von den Anforderungen des täglichen Lebens zu distanzieren. Yoga scheint sehr vorteilhaft zu sein, aber auch Shiatzu-Massage, Akupunktur und andere Formen der Selbstheilung. Welche Methode auch immer Sie wählen, sie ist gut, solange sie Ihnen hilft und solange Sie sie in einer regelmäßigen Zurückgezogenheit durchführen, in der Sie schweigen, allein sind und Rückschau halten.

Die Gedankenform-Affirmation ist weitgehend eine Frage der Praxis und der Ausdauer. Bei täglicher Übung werden sich alte Gewohnheiten allmählich auflösen, und die Kraft des Neuen wird Sie in größere Höhen führen. Natürlich brauchen Sie Geduld. Schließlich werden Sie Unsterblichkeit erlangen, nicht nur in Gedanken, sondern, noch wichtiger, in Ihren Gefühlen. Alle Ihre Hoffnungen und Träume werden Ihnen mit offenen Armen entgegenkommen, und Sie können wahrhaft sagen: »Ich bin Kraft.« Da Ihr Wort Gesetz ist, klingt die Resonanz dieser Gedankenform durch tausend himmlische Dimensionen, und etwas, irgendwo, jenseits der Ewigkeit, feiert in Freuden Ihre Heimkehr.

An diesem Tage zeige ich Liebe und Offenheit zu jedem, dem ich begegne, denn ich weiß, daß ich wahrhaft liebenswert bin.

10

Affirmationen des Herzens oder Fühlens

Ein Wort ist nur ein Symbol. Es beschreibt nicht den Gegenstand, den es bezeichnet. Das Wort »Tür« beispielsweise sagt wenig über den Zustand der Tür.

Das gesprochene Wort ist nicht so stark wie ein momentaner Gedanke, dieser wiederum ist nicht so stark wie ein Gefühl. In den fünftägigen Intensivseminaren »The Warrior's Wisdom« (»Die Weisheit des Kriegers«), die ich in Taos, New Mexico, halte, konzentriere ich mich auf die Entfaltung der peripheren und ätherischen Wahrnehmung der Teilnehmer mit Hilfe von Übungen, die mich der Türhüter im Rahmen des *Erwachens* lehrte. Um Ihre Energie erfolgreich zu steigern, müssen Sie zuerst ein stärkeres Gespür für Gefühle entwickeln. Bewußtseinsdimensionen sind nämlich grundsätzlich Bewußtseinsgrenzen und bestehen aus Gefühlen. Was eine Dimension der Hölle vom Himmel unterscheidet, ist die Art, in der die Bewohner dieser Dimension sich empfinden. Es ist der Mangel an Wahrnehmung oder Gefühl, der die Hölle erzeugt. Es ist das *Erwachen,* das Sie imstandesetzt, eine himmlische Sphäre zu erreichen.

Was Sie denken bestimmt, was Sie fühlen. Aber es sind Ihre Gefühle, die Ihre Realität färben. Die Philosophie »Du bist, was du denkst«, ist nur zum Teil richtig. Die Gedanken, die Sie äußern, verändern die Gefühlsphäre um Sie, und dieses Fühlen, das Ihr ganz persönliches ist, zieht aus der Lebenskraft Energie, die ihm ähnlich ist. Ein Wort beschreibt eine Gedankenform, und Gedankenformen erzeugen Gefühl. Aber nur die Gefühle sind im metaphysischen Sinne wirklich.

Betrachten Sie eine Ihrer zwischenmenschlichen Beziehungen. Real ist daran das Gefühl, positiv oder negativ, das Sie dafür haben. Wenn Sie an einen Freund denken, den Sie seit Monaten nicht gesehen haben, wird es Ihnen schwerfallen, sich an sein Gesicht zu erinnern, aber Sie werden Angaben über einige Eigenheiten und welche Gefühle Sie ihm gegenüber haben, machen können.

Fühlen ist eine Art, innerhalb des Bewußtseins die Qualität der Atmosphäre, in der Sie sind, zu beschreiben. Wenn ich das Wort »Fülle« sage, kann es tausend Dinge für Sie bedeuten. Vielleicht denken Sie bei diesem Wort an das Gefühl, umsorgt zu werden, an Geborgenheit, an genügend Geld. Oder Sie könnten das Gefühl haben, an einem reich gedeckten Tisch zu sitzen oder sich im Fond einer schönen Limousine zu entspannen. Wenn Sie sich der Gefühle bewußt werden, die Dinge in Ihnen auslösen, werden Sie feststellen, daß alles in Ihrer Umgebung eine Art Energie-»Fingerabdruck« hat, der seine innere Qualität wiedergibt. Die Kleidung, die Sie tragen, die Musik, die Sie hören, die Menschen, die Sie kennen, die Wohnung, in der Sie leben, die Arbeit, die Sie verrichten – alles trägt zu der Energie-Dimension bei, in der Sie leben. Aber bevor wir uns mit dem Aufbauen einer Affirmation des Fühlens befassen können, müssen wir betrachten, wie die Art Ihres Denkens Ihrer Sensitivität im Wege steht, und wie wir Menschen der modernen Zeit nie gelehrt wurden, ein höheres Gespür für Gefühle zu entwickeln.

Wenn Sie sich auf ein wichtiges Problem konzentrieren, sind alle Ihre Gedanken und Gefühle mit diesem Problem beschäftigt, Sie festigen allmählich seine Realität um sich und schneiden sich von anderer Energie ab.

Wenn Sie sich mit dem Problem identifizieren, werden Ihre Gefühle vernebelt, und Sie werden merken, daß Sie den Wald vor lauter Bäumen nicht mehr sehen. Neue Energie findet keine Öffnung, um Sie zu erfrischen. Die Realität um Sie spiegelt nur die Umrisse des Problems wider, in das Sie vertieft sind. Die Lösung muß aus dem kommen, was Sie glauben, da dies die einzige Realität ist, die Sie gerade wahrnehmen können. Die gleiche Logik gilt auch für Ihr Leben. Jedes Geschehen bestätigt Ihre Erfahrung, und diese Erfahrung sinkt wie ein Betonklotz in Ihr Bewußtsein, Stück für Stück Realität.

Die Gefühle, die Sie hervorbringen, ziehen Sie in Bereiche der physischen Ebene, die ihnen entsprechen, und sie diktieren, was Sie Tag für Tag tun werden. Wenn Sie beispielsweise in einen Nachtclub gehen, müssen Ihre Gefühle die Atmosphäre des Nachtclubs annehmen, denn Sie wollen in dieser Energie schließlich baden. Der Club ist vielleicht laut und überfüllt, die Leute trinken Alkohol, Lichter blitzen von der Decke und die Atmosphäre ist sexuell aufgeladen.

Wenn Sie diesen Club betreten, treffen Sie in der kurzen Zeit, in der Sie die ersten drei Schritte gehen, Hunderte von Entscheidungen. Wie ein Radargerät gehen Ihre Gefühle blitzartig bis in alle Ecken des

Raumes und bringen Ihnen einen Eindruck der vorherrschenden Energie zurück. Die fünf Sinne berichten Ihnen, was auf der physischen Ebene vorgeht, und Ihre Gefühle helfen Ihnen, diese Wahrnehmungen deutlicher zu verstehen. Etwa achtzig Prozent der Informationen liegen unter Ihrer Bewußtseinsschwelle, und da Sie nach einem Tisch suchen, verschläft Ihr Bewußtsein diese Informationen. Aber die Information ist in Ihrem Unterbewußtsein vorhanden, und Sie können sich darin üben, sie wahrzunehmen und zu Ihrem Vorteil zu nutzen.

Inzwischen haben Sie Ihre fünf Sinne, die recht informativ arbeiten. Aber selbst wenn Sie hellwach und aufgeschlossen sind, nehmen Sie nur einen Teil Ihrer Sinneseindrücke bewußt wahr. Denn jeder von uns konzentriert sich auf das, was ihn interessiert, und so sperren wir einen großen Teil dessen aus, was wir sehen, hören und berühren. Dieser Vorgang der Ausschaltung gewisser ausgewählter unterbewußter Informationen, die von unseren Gefühlen vermittelt werden und von bewußten Eindrücken durch unsere fünf Sinne, findet bei jedem statt. Wir sind es nicht gewohnt, periphere Informationen aufzunehmen. Wir sind so oft in unser Leben vertieft, daß wir das große Bild nicht sehen.

Wenn Sie Affirmationen des Fühlens entwickeln, werden Sie Ihre Fähigkeit ausdehnen wollen, Sinnesinformationen von diesen Gefühlen bewußt wahrzunehmen und ihnen zu trauen. Gefühle lügen nie. Keiner kann verbergen, was er fühlt. Man kann verbergen, was man denkt – indem man etwas anderes sagt, als man glaubt –, aber die Gefühle sind für das geübte Auge deutlich erkennbar. Bis Sie in dem Nachtclub an einem

Tisch sitzen, haben Sie sich gefragt: »Entspricht diese Atmosphäre meinen Gefühlen?«, und Sie haben mehr oder weniger mit »Ja« geantwortet. Denn wäre die Antwort nein, wären Sie weggegangen. Indem Sie Ihre Anwesenheit in jener Gefühlsdimension namens »Nachtclub« bestätigen, öffnen Sie sich allen Möglichkeiten, die aus dieser Wahl und an diesem Punkt in Raum und Zeit entstehen.

Die Energie der Lebenskraft fließt locker durch die physische Ebene, weil sie in allen Dingen ist. Aber in den Strukturen des Menschen ist die Lebenskraft in dem gegebenen Rahmen gefangen. Sie ist wie Nebel in einer Kiste, beweglich, aber nur innerhalb der vom Menschen geschaffenen Grenze. Im Nachtclub gibt es vermutlich zehntausend Dinge, die Sie erleben können, und zehn Milliarden, die Ihnen nicht offenstehen. Sie können erleben, wie jemand aus Versehen Tomatensaft über Ihr bestes Hemd schüttet, aber Sie können nicht das Geräusch eines Tigers erleben, der sich seine Beute aus dem Fluß fischt.

Wie Sie da im Nachtclub sitzen, beginnen Sie, die Energie Ihrer Umgebung aufzunehmen, und das ändert Ihre Gefühle. So wie die Musik dröhnt, so schwingen die Neuronen in Ihrem Gehirn, im gleichen Rhythmus. Wenn jemand Sie im Vorübergehen streift, mischt sich seine Energie mit der Ihren und überträgt sich. Wenn der andere müde ist und Sie frisch, nimmt dieser einen Teil Ihrer Lebenskraft mit.

Wenn Sie sexuelle Gedanken über die Bedienung haben und diese an ihren sonntäglichen Kirchgang denkt, bekommt sie vielleicht etwas von Ihren Gefühlen ab und stellt sich vor, mit dem Organisten zu schlafen. So wie Sie Teil der Dimension Nachtclub werden, verändern Sie auch diese. Es ist dort Energie plus oder minus der Ihren.

In diesem Energie-Block sind viele Gefühle, die gemeinsam ein Gesamtbild ausmachen. Ihre Gefühle suchen ähnliche. Wenn beispielsweise am Nachbartisch drei wütende Mafiabosse sitzen, so wird jede Wut in Ihnen sich mit deren Wut verbinden und dadurch akuter werden. Vielleicht finden Sie plötzlich einen Anlaß, ärgerlich zu sein. Sie wenden sich um und erklären den drei Finsterlingen, sie sollten verschwinden, daraufhin schlägt Ihnen einer die Faust ins Gesicht. In der nächsten Szene liegen Sie mit blutender Lippe auf dem Boden und nehmen das Blitzen der Lichter als Reflexion in dem Sprungmesser wahr, das Ihnen der Gangster an die Nase hält. »Es ist doch erst Viertel nach zehn«, sagen Sie, »bis zum Morgengrauen können noch eine Million Dinge geschehen.« Und das können sie in der Tat.

Auf unserem Weg durch die physische Ebene lassen wir uns auf jede Gefühlsdimension und deren Eventualitäten ein. Wir nehmen, was wir wollen, und gehen weiter. Vieles von dem, was Sie über das Leben fühlen, übernehmen Sie von anderen. Wenn Sie einmal erkennen, welchen Einfluß dies auf Sie hat, können Sie anfangen, Situationen zu meiden, die Ihrer Lebensanschauung nicht entsprechen. Der Trick ist nur, festzustellen, was Sie wollen und was Sie nicht wollen.

So oft treffen wir Entscheidungen, ohne uns über die allerwichtigsten Fakten im klaren zu sein. Wir besuchen einen Nachtclub, sehen eine reizende Kellnerin und denken: »Das wird Spaß machen.« Aber unsere Gefühle haben uns vielleicht eine Botschaft zugesendet: »Dies ist ein sehr gefährlicher Ort. Der irre Typ an der

Ecke arbeitet für die Mafiabosse, und sie alle stehen kurz vor ihrem Abgang von der irdischen Ebene, denn eine Busladung wildentschlossener Korsen oben auf der Straße plant, diesen Haufen hier über die Tapete an der Nordwand des Clubs zu verteilen.«

Der Weise beachtet alles. Der Weise ist offen und empfänglich. Wenn er also in den Club geht, ignoriert er die Annäherungsversuche der Bedienung, wartet und schweigt; er befreit sich von Meinung und Urteil. In weniger als drei Sekunden hat er das ganze Bild aufgenommen. Er läßt seine Sinne über die Szene wandern und ist sich der unmittelbaren und der peripheren Informationen bewußt, die vorhanden sind.

Wenn die gespeichert ist, schickt der Weise eine Frage von seinem Herz-*Chakra* aus. Der Universale Geist gibt ihm die Antwort ausgedruckt. Er sieht den irren Typen und bemerkt die unstete Energie, die er ausstrahlt. Auf dem Ausdruck steht: »Drogen«. Der Weise kann auf die Entfernung von zehn Metern sehen, daß die Pupillen des irren Typs geweitet sind. Dann sieht er die Mafiabosse, und er spürt Zwang und Böses. Im Augenwinkel nimmt er eine kleine Bewegung unter einem Tisch wahr und erkennt sofort, daß die drei geschminkten Damen und der lächelnde Chinese dort einen »Liebe für Geld«-Vertrag aushandeln. Er beobachtet, ohne zu urteilen.

Der ganze Club ist von Erwartung erfüllt. Siebzehn Höhere Selbst, gefangen in ihren menschlichen Körpern, sind durch die Nacht in diesen Club gefahren, um hier zu sterben. Der Weise betrachtet die Veränderung, die in den Kronen-*Chakras* der Mafiabosse und jener an den benachbarten Tischen eingetreten ist, und er kann erkennen, daß diese Leute irgendwann in den nächsten zweiundsiebzig Stunden die irdische Ebene verlassen werden. Er vergleicht diese Information mit allen anderen Eindrücken und verläßt den Club, um sich gegenüber ein Eis zu kaufen. Schon tauchen die wütenden Korsen auf, parken ihren Bus an der Kurve und dezimieren die Club-Besucher. Der Fahrer, ein dunkelhäutiger kleiner Mann aus Cleveland, dem Schießerei verhaßt ist, stellt sich zu unserem Weisen und bestellt sich zwei Kugeln Mokka-Schokolade. Die Kraft des Weisen ist dergestalt, daß der kleine Mann auf der Stelle von der höheren Energie erfaßt wird, er fährt mit dem Bus los, entschlossen, künftig ein christlicheres Leben zu führen. Inzwischen stürzen seine Genossen auf die Straße und stellen überrascht fest, daß ihr Transporter ohne sie abgefahren ist. Was sie noch mehr überrascht: wie die Blaulichter der neun Polizeiwagen von der großen Bierreklame an der Ecke reflektiert werden. Der Weise lächelt und sagt bei sich: »Es ist doch erst Viertel vor elf. Bis zum Morgengrauen können noch neunhunderttausend Dinge geschehen.«

Mit Affirmationen des Fühlens oder des Herzens wäre es einfach zu sagen: »Ändere deine Gefühle«. Aber es ist ein wenig komplizierter als das, denn zuerst müssen Sie ganz bewußt wahrnehmen, was um Sie herum geschieht, damit Sie nützliche Korrekturen Ihrer Einstellung vornehmen können.

Auf Ihrem Weg durchs Leben üben Sie, mit Hilfe Ihrer fünf Sinne bewußter wahrzunehmen, was um Sie herum geschieht. Gehen Sie in ein Restaurant, bleiben Sie an der Tür kurz stehen und überblicken Sie den Raum mit einem kurzen Blick. Versuchen Sie, soviele Informationen wie möglich aufzunehmen und zu behalten. Dann gehen Sie wieder hinaus. Lassen Sie sich von einem Freund detailliert befragen, was Sie wahrgenommen haben. Welche Farbe hatte das Kleid, das die Afrikanerin auf dem Balkon trug? Wieviele Stühle waren im Restaurant? Was für ein Teppich war ausgelegt? Und so weiter. Dann gehen Sie zurück und prüfen, wieviel Sie richtig behalten hatten. Wenn Sie sich zu konzentrieren lernen und Ihre eigenen Interessen vorübergehend abschalten können, wird das Leben viel spannender, denn Sie bekommen viel mehr davon mit.

Von Tag zu Tag werde ich immer empfänglicher für meine Umgebung. Ich bin immer am rechten Ort zur rechten Zeit.

Wenn Sie vierzig Lebensjahre hinter sich haben und fünfzig Prozent von allem beobachteten, was um Sie war, haben Sie im Grunde nur zwanzig Jahre gelebt. Durch Schärfen Ihrer Wahrnehmung gewinnen Sie praktisch ein neues Leben. Jetzt haben Sie zwei: Das eine, das Sie leben, und das andere, das Sie verpaßt haben. Es ist eine Frage der Übung. Durch Beobachtung des Lebens entwickeln Sie zudem außersinnliche Fähigkeiten, denn Sie sagen Ihrem Geist, daß Sie auch subtile Informationen aufnehmen wollen.

Es gibt viele Übungen und Techniken, mit deren Hilfe Sie Ihre Fertigkeit ausbauen können. Gehen Sie zum Beispiel eine Straße entlang, bis Sie zwei Menschen finden, die miteinander sprechen. Gehen Sie zwei oder drei Meter vor ihnen her. Bringen Sie das Geplapper in Ihrem eigenen Kopf zum Schweigen und konzentrieren Sie sich auf das Gespräch der beiden Passanten. Üben Sie, »aus dem Hinterkopf« zu hören. Wenn Sie die Unterhaltung der anderen deutlich wahrnehmen können, beschleunigen Sie Ihren Schritt ein wenig, bis Sie etwa fünf oder sechs Meter vor ihnen gehen. Öffnen Sie dann Ihre Sinne entsprechend weiter, um sie der verminderten Lautstärke der Stimmen anzupassen. Folgen Sie mit aller Aufmerksamkeit der Unterhaltung und versuchen Sie, sich jede Einzelheit zu merken. Während Sie zuhören, achten Sie auf alle Leute, die Ihnen begegnen, und prägen Sie sich jedes Detail ein, das Sie von ihnen aufnehmen können. Als nächstes konzentrieren Sie sich auf die Gerüche der Straße, und orten Sie deren Ursprung, ohne den Kopf zu drehen. Das Parfüm einer Frau, der Schnellimbiß, die Auspuffgase und so weiter. Jetzt haben Sie eine genaue Wahrnehmung Ihrer Umgebung in den Dimensionen Sehen, Hören und Riechen. Nehmen Sie jetzt noch den Tastsinn hinzu. Dazu können Sie auf die Kleidung zurückgreifen, die Sie tragen. Achten Sie darauf, wie sie sich beim Gehen anfühlt. Dann kaufen Sie sich etwas zu essen und beschäftigen so Ihren Geschmackssinn. Wenn Sie einmal die gleichzeitige Konzentration aller Ihrer Sinne beherrschen, haben Sie den ersten Schritt gemeistert.

Für Schritt Zwei müssen Sie anfangen, auch die peripheren Informationen der Straße aufzunehmen und festzustellen, was Sie nur aus dem Augenwinkel gewahren können. Die Netzhautzellen Ihrer Augen bestehen aus Stäbchen und Zapfen. Die Zapfen sind in der Mitte und die empfindlicheren Stäbchen an der Seite. Obwohl also Ihre periphere Wahrnehmung nicht so detailliert ist wie die direkte Sicht, können die Stäbchen subtile oder ätherische Energie wahrnehmen, die den Zapfen nicht zugänglich ist. Wenn Sie lernen wollen, mehr zu »sehen«, müssen Sie sich der latenten

Sehfähigkeit, die Sie haben, bewußter werden. Um Ihre periphere Sicht zu stärken, gewöhnen Sie sich an, sich darauf zu konzentrieren, bis es Ihnen selbstverständlich ist. Ich habe festgestellt, daß die periphere Wahrnehmung zunimmt, wenn jemand müde ist. Die Ursache ist eine Kombination aus Ermüdung der Augenmuskeln und Verlangsamung der Gehirntätigkeit. Die beste Zeit zur Entfaltung Ihres peripheren Sehens ist also am Abend oder immer dann, wenn Sie müde sind.

Nun kann Schritt Drei folgen: Öffnen Sie sich allen unterschwelligen Informationen aus Ihrer Umgebung. Beginnen Sie, sich den Menschen zu öffnen. Wenn jemand auf Sie zukommt, schließen Sie die Augen leicht und blicken Sie Ihrem Gegenüber über die linke Schulter. Wenn er näherkommt, konzentrieren Sie sich auf die Mitte seines Brustkorbes (sein Herz-*Chakra*) und versuchen Sie, urteilslos Informationen über sein Leben aufzunehmen, die Ihre Gefühle Ihnen vermitteln. Ihr erster Eindruck wird genau stimmen. Machen Sie sich keine Gedanken über den anderen, denn Ihr Denken wird Sie in die Irre führen. Jetzt erst blicken Sie den anderen direkt an – ich meine: Schauen Sie richtig hin. Mustern Sie seine Größe und Statur, seine Art zu gehen, seine Haltung, seine Fingernägel, seine Kleidung – gepflegt oder zusammengewürfelt? Ist er/sie sauber oder schmutzig, teuer oder billig gekleidet? Stellen Sie fest, ob der visuelle Eindruck Ihre Gefühle bestätigt.

Antlitz und Körper eines Menschen reflektieren sein allgemeines Lebensgefühl. Wenn jemand spricht, so achten Sie auf jedes Wort, das er sagt, und achten Sie auch auf die Pausen zwischen seinen Worten. In diesen

Augenblicken des Schweigens verbirgt sich oft mehr wahre Information als in seinen Worten. Beobachten Sie während des Gesprächs jede Bewegung von Augen und Augenmuskeln, die Muskeln des Kinns, der Hände. Denken Sie daran: Es dauert etwa eine halbe Sekunde, bis ein Gefühl aus dem Unterbewußtsein zur Körperoberfläche dringt. Die Reaktionen der Gesichtsmuskulatur werden also zeitlich ein klein wenig hinter den Worten liegen.

Die Gefühle werden zu Ihnen signalisiert. Die geringste Veränderung im Ausdruck Ihres Gegenübers wird offenbar, selbst wenn dieser versucht, etwas zu verbergen. Beobachten Sie seine Augen und achten Sie auf die Pupillen. Sind sie geweitet? Wenn der andere Ihnen gegenüber ein gutes Gefühl hat oder wenn er high ist, weiten sich seine Pupillen. Wenn er besorgt oder ängstlich ist, werden sie enger. Wenn er sich nicht wohl fühlt, wendet er den Blick ab. Es ist vielleicht nur eine minimale Bewegung der Augen, aber sie wird Ihrer Aufmerksamkeit nicht entgehen.

Achten Sie auf die Körpersprache des anderen. Hat er die Arme oder Beine übereinander geschlagen? Sitzt er Ihnen gerade gegenüber oder sehen Sie ihn mehr von der Seite? Berührt er Sie beim Reden, und wie reagiert er, wenn Sie ihn berühren? Berühren Sie ihn, um es herauszufinden. Jeder Mensch teilt sich aus seiner Person oder seinem Selbstbild heraus mit und jeder will, daß Sie sein Selbstbild akzeptieren. Sein Intellekt berichtet Ihnen die offizielle Version der Geschichte, aber seine Gefühle werden Ihnen die Wahrheit verraten.

Die Erweiterung Ihrer Herzens-Wahrnehmung ist der Schlüssel zum Verständnis Ihrer eigenen inneren

Persönlichkeit. Jeder Mensch fühlt, aber die meisten dieser Gefühle laufen unterbewußt ab. Wenn Sie empfänglich für die subtilen Botschaften der anderen werden, lernen Sie auch mehr über Ihre eigenen subtilen Energien. Dabei lernen Sie zu identifizieren, was Sie selbst in das Universale Gesetz ausstrahlen, und das ist der erste Schritt zur Veränderung: Erkenne dich selbst.

Das »Gefühl« der Dinge aufzuspüren, kann man lernen. Schließlich geht es von selbst. Sie können noch eine andere Übung probieren. Die meisten Illustrierten bringen große Anzeigen für alkoholische Getränke. Die Anzeigen kosten ein Vermögen, manchmal vierzig- bis fünfzigtausend Dollar pro Seite. Die Inserenten wissen, daß sie nur eineinhalb Sekunden haben, Ihre Aufmerksamkeit zu fesseln. Um dies zu erreichen, bauen sie mit Hilfe der Airbrush-Technik nackte Körper in verschiedenen unterschwellig erotischen Posen in ihre Fotos. Sie wissen, daß das *innere Selbst* darauf ansprechen wird.

Eine emotionale Reaktion hervorzurufen ist wirkungsvoller, als dem Leser Informationen oder Werbesprüche zu liefern. Eine Anzeige mit dem Text »Trinken Sie diesen Whiskey« bedeutete fünfzig Riesen für die Katz, aber wenn es gelingt, Sie sexuell anzusprechen oder Ihnen einen Schrecken einzujagen, ist die gewünschte Wirkung erzielt. Wir trinken oft, wenn wir aufgeregt sind, nicht wahr? Und wir assoziieren das Trinken mit einer Senkung der sexuellen Hemmschwelle.

Um diese Subliminal-Techniken als Übung zur Steigerung Ihres Fühlens zu nutzen, sollten Sie sich zuerst entspannen. Blättern Sie langsam die Seiten einer Illustrierten um, bis Sie zu einer vierfarbigen, ganzseitigen

Alkoholanzeige kommen. Werfen Sie einen Blick auf die Anzeige und achten Sie darauf, wo Ihre Gefühle angezogen werden. Es können mehrere Stellen sein, da solche Anzeigen in der Regel zwanzig oder mehr subliminale Reize enthalten. Untersuchen Sie sorgfältig die Teile der Anzeige, die Ihre Gefühle ansprechen, und Sie erkennen, worin der subliminal-faule Zauber liegt.

Während Sie die verborgenen Teile des Lebens enthüllen, kommen Ihre unterdrückten Gefühle an die Oberfläche. Sie entdecken, wer Sie wirklich sind. Wenn Sie Mut aufbringen, wird Ihr Leben sich über Nacht ändern. Wirklich zu werden, ist allein eine Sache des Entschlusses, dies zu tun. Sie brauchen sich nicht länger zu verteidigen, sich bei anderen zu entschuldigen oder zu versuchen, ihnen zu gefallen, Sie sind ein unsterbliches Kind des Universums. Was Sie sind ist was Sie sind.

Beginnen Sie, sich mit dem zu identifizieren, was Sie wirklich fühlen. Stellen Sie eine Liste der wichtigsten Punkte in Ihrem Leben zusammen. Schreiben Sie in die linke Spalte folgendes:

wo Sie wohnen

mit wem Sie leben (Tragen Sie die Namen besonders der Menschen ein, die Ihnen etwas bedeuten, etwa Partner, Liebhaber, Kinder, Chef.)

wie Sie Ihren Lebensunterhalt verdienen

was Sie damit anfangen (Wohnung, Nahrung, Verpflichtungen)

an welchen kreativen Aktivitäten Sie sich beteiligen

Ihre Gefühle in bezug auf das Leben (unter oder außer Kontrolle?)

Ihre körperliche Verfassung

andere wichtige Faktoren in Ihrem Leben

Daneben schreiben Sie je eines der folgenden Gefühle:

befriedigend
nicht befriedigend
hilfreich
nicht hilfreich
angenehm
nicht angenehm
stark
schwach

Wenn diese Worte Ihre Gefühle nicht genau wiedergeben, dann drücken Sie diese mit einer eigenen Formulierung aus.

Sie untersuchen diese Situationen, um ein Leben einzurichten, das frei von Kampf und emotionalen Aufregungen ist, ein Leben, das Liebe, Freude und vollkommene Erfüllung einschließt, ein Leben, das Sie aufbauen wird. Grundsätzlich bauen Sie damit in Ihr Leben einen »Kampf-Messer« ein, mit dessen Hilfe Sie feststellen können, in welchem Maße das Leben Sie aufbaut, in welchem nicht.

Die Anzeige Ihres Kampf-Messers wird Ihnen bald vor Augen führen, in welchen Bereichen Veränderungen notwendig sind, und was Ihnen helfen wird, sich als Individuum frei und frisch zu fühlen. Schreiben Sie in die dritte Spalte zu jeder Kategorie, wie Sie eine gute Situation verbessern und eine schlechte lösen würden. Wenn Sie zum Beispiel Ihre Arbeit nicht ausstehen können, so tragen Sie ein Wort ein, das anzeigt, wie Sie diese Situation lösen werden. Vielleicht wollen Sie mit Ihren Kollegen oder Ihrem Chef sprechen, oder Sie planen, sich von dort abzusetzen.

Durch Analyse Ihres Lebens können Sie feststellen, was Sie unterstützt und was nicht. Sie sind frei, alles zu ändern oder zu verbessern. Es hat seine Zeit gebraucht, in die heutige Situation zu gelangen, und so mag es auch einige Zeit dauern, alles zu klären; aber Sie sind geduldig. Situationen können sich erst verändern, wenn Ihre Gefühle dafür sich wandeln.

Nächster Punkt: Wie steht es mit dem Geld? Ohne Geld sind Sie als spirituelles Wesen verloren, wenn Sie nicht über einen Berggipfel verschwinden wollen. Aber das »Aussteigen« wird nicht recht funktionieren, denn das Spiel von heute heißt »Einsteigen«. Der Trick besteht darin, die Energie, die Sie entwickelt haben, zu gebrauchen und damit aus Ihrem Leben etwas zu machen. Erledigen Sie nur ungern Ihre finanziellen Angelegenheiten und greifen Sie auf die Ausrede zurück, Ihre spirituelle Größe »stellt« Sie über das Bedürfnis nach Geld? Auf eben diesem Gebiet ist mehr Kommunikation, Kunst, Kreativität, Heilung und Reisen verfügbar als je zuvor. Es wäre schade, wenn Sie all dies versäumen würden. Sie haben jetzt diese Chance, alle Erfahrungen zu sammeln, die Ihnen erreichbar sind. Wäre dies nicht ein Teil der Absicht Ihres Höheren Selbsts, hätten Sie sich nicht darum gekümmert, zur Zeit hier auf Erden zu sein.

Fülle zu entwickeln, setzt Anstrengung voraus. Aber es ist ein großer Unterschied zwischen Anstrengung und Kampf. Wenn Sie arbeiten, um gerade zu überleben, wird es zur Schinderei und zehrt an Ihrer Energie. Entscheiden Sie, was Sie wollen, und dann verfolgen Sie Ihr Ziel – gleich jetzt. Für eine Arbeit, die Sie lieben, bezahlt zu werden, ist eine der großen Freuden im Leben. Das ist eine Möglichkeit, sich zu honorieren.

Geld ist Ihr Notausstieg, aber dieser Notausstieg wirkt nicht, so lange Sie nicht für sich selbst arbeiten.

Wie vernünftig Ihr Chef auch ist: Sie leben immer nach seinem Lebensziel, nicht nach Ihrem. Das ist eine Weile in Ordnung, aber am Ende müssen Sie selbst die volle Kontrolle übernehmen. Wenn es Ihnen nicht möglich ist, sich selbständig zu machen, dann versuchen Sie, sich im Rahmen Ihres Arbeitsplatzes soviel Freiraum wie möglich zu schaffen. Vielleicht können Sie Ihrem Arbeitgeber Ihr fachliches Wissen als Subunternehmer verkaufen.

Als Alternative sollten Sie versuchen, andere profitable Bereiche zu erschließen, es mit Teilzeitarbeit oder Investitionen probieren, so daß Sie möglichst viele Einkommensquellen erschließen. Das erlaubt Ihnen Flexibilität und Anpassungsfähigkeit.

Manche Menschen sind von Natur aus anpassungsfähig, andere nicht. Doch oft ist es unmöglich, erfolgreich zu werden, wenn Sie nicht den Ort verlassen, an dem Sie aufgewachsen sind, denn er hält Sie mit ungutem Griff in Erinnerungen und Verbindungen. Es ist schwer zu affirmieren: »Das bin ich jetzt«, wenn jeder in Ihrer Umgebung sich an Ihr altes Image erinnert und an diesem festhält. Einen sicheren Hafen zu verlassen und ins freie Meer zu steuern, ist eine Affirmation für sich: »Ich habe jetzt die Kraft. Meine Entschlossenheit und Anstrengungen garantieren mir Erfolg, gleichgültig, wohin ich gehe oder wofür ich mich entscheide.«

Die Entwicklung und Praxis einer Affirmation des Fühlens bedeutet auch, gegen Ihre letzten bekannten Grenzen zu pressen und sie mit der Kraft Ihres Willens zu beseitigen. Als Held werden Sie daraus hervorgehen, frei von Ungewißheit und Ihr Leben meisternd. Nach allem, was ist der Tod als wieder ein Kommen und Gehen? Wenn Sie diesen Gipfel erreicht haben, schmilzt die Angst dahin mit der Intensität des Lichts. Sie haben Ihr Lebensziel erreicht, und alles andere, was Sie erleben, ist ein besonderes Geschenk, um es zu genießen. Der gut beschrittene Weg ist das Ziel – nicht das Erreichen der Bestimmung.

Diesen Gipfel Ihres Gefühls zu erlangen, wird selbst eine Affirmation. Sie betrachten Ihr Leben und das der anderen als freundlicher Beobachter, nicht als gefühlvoller Teilnehmer.

Vor einigen Jahren hatte ich eine Freundin mit einem ernsten Drogenproblem. Ihre Sucht bekümmerte und besorgte mich endlos. Obwohl ich diese Gewohnheit nicht guthieß, verurteilte ich sie auch nicht. Damit hätte ich die Haltung ihrer Familie und der Gesellschaft übernommen, und vor allem als Reaktion darauf war es überhaupt zur Sucht gekommen. Also übernahm ich die Aufgabe, sie aufzubauen. Ich trottete endlos durch die Nacht, unterhielt mich mit einer Heerschar heruntergekommener Typen und half ihr so, sich beim Kauf ihrer Drogen nicht in Gefahr zu begeben. Ich begann die Komplexität der Drogenabhängigkeit zu verstehen und hatte Mitleid mit ihr.

Eines Tages fragte sie mich weinend, wohin das alles führen solle. Ich antwortete ihr wahrheitsgemäß, daß sie sterben werde, und zwar bald. Das ließ sie aufhorchen, und sie begab sich langsam auf den Weg zur Heilung. Seinerzeit konnte man sich in England beim Gesundheitsamt als Drogenkonsument registrieren lassen. Dafür erhielt man einen Ausweis, der liebevoll *Nuj*-Karte genannt wurde (»Gewerkschaft der Fixer«). Sie ließ sich eintragen. Das war der erste Schritt zu ihrer Gesundung. Bis dahin hatte sie ihr Drogenproblem nicht zugegeben. Obwohl sie ihre Krankheit akzeptiert hatte, hielt ich es schließlich für das beste, uns zu trennen, obschon ich dachte, daß sie bestimmt sterben würde. Aber nach einigen Jahren war sie geheilt, hatte geheiratet und ließ sich irgendwo am Mittelmeer nieder. Alles ging gut aus. Ihr Seminar »Tägliches Leben« hatte sie ca. vierzigtausend Dollar gekostet, aber sie hatte die Lektion begriffen.

Manchmal können Sie den Menschen nichts Besseres antun, als sie loszuwerden. Sie können sie nicht zur Vernunft zwingen. Manchmal brauchen sie Demütigung und Versagen, bevor sie zum Erfolg kommen.

Abschließend wollen wir einige der wichtigsten Punkte zum Thema Affirmationen des Fühlens oder Herzens rekapitulieren. Zuerst gilt es, ein Gespür für die Welt um sich zu entwickeln. Dann müssen Sie Ihr eigenes Leben ehrlich betrachten und prüfen, was Sie darüber empfinden und sich entschließen, welche Schritte Sie unternehmen sollten, um zu verbessern, was unbefriedigend ist.

Wenn Sie, wie wir alle, Stimmungsschwankungen erleben, dann beobachten Sie genau, wann Ihre Gefühle schlechter werden und korrigieren Sie sie auf der Stelle. Wenn Sie wissen, daß Sie grantig werden, wenn Sie sich müde fühlen, sollten Sie vermeiden, in dieser Verfassung Entscheidungen treffen zu müssen. Wenn eine bestimmte Person Sie aus dem Gleichgewicht bringt, so trennen Sie sich von ihr. Es ist ganz einfach, zu jemandem zu sagen: »Ich respektiere Ihre Entscheidung zu sein, wer Sie sind, aber ich würde es vorziehen, wenn Sie damit woanders hingingen.«

Die Welt um Sie ist aus dem Gleichgewicht, und ihr automatenhaftes Getriebe neigt dazu, Sie niederzudrücken. Wenn Sie lernen, Abstand zu halten, werden die Dinge Sie nicht mehr betreffen. Es wird Ihnen auch eine Hilfe sein, den zu engen Kontakt mit der Welt zu vermindern. Meiden Sie Menschenansammlungen. Behalten Sie Ihre eigene Weltanschauung für sich. Ihr Schicksal ist ein anderes, weil Sie zu jenen seltenen Menschen gehören, die ihr Leben selbst meistern. Ich denke, es ist wichtig, über die Ereignisse in der Welt informiert zu sein, aber achten Sie darauf, sich nicht emotionell zu engagieren. Halten Sie sich fern von den »Anliegen« der Welt, denn sie sind Ego-Fallen. Wenn Sie die Welt lieben, retten und speisen wollen, ist das großartig. Aber zuerst lieben und ernähren Sie sich selbst. Dann lieben, ernähren und unterstützen Sie jene, die Ihnen nahestehen. Wenn Sie Zeit übrig haben, können Sie mit Ihrem Fähnlein in der Hand auf die Straße gehen. Aber missionieren Sie nicht, anstatt kraftvoll zu werden. Sie können anderen helfen, wenn diese darum bitten, aber nicht zuvor.

Schließlich werden Sie eine Aura des Geheimnisvollen aufbauen, und daraus gewinnen Sie Macht. Wenn die Menschen alles über Sie wissen, machen Sie Enterhaken in Ihre Energie wie Piraten, die ein Schiff kapern; dann wird es unendlich schwieriger, Abstand zu wahren. Und gönnen Sie sich Geduld auf Ihrem Weg durchs Leben. Angesichts der vielen Jahre, die Sie gebraucht haben, Ihr derzeitiges Lebensmuster zu entwickeln, wird es einige Jahre dauern, sich herauszuarbeiten.

Wie Ihre Schwächen auch heißen – Schwächen in Charakter, Lebensweise oder in den Lebensumständen – sie sind schön. Sie geben Ihnen die Möglichkeit, zu lernen und zu Höherem zu schreiten. Wäre Ihr Leben perfekt, würden Sie sterben, denn dann hätte Ihr Höheres Selbst keinen Grund mehr, hier zu sein. Haben Sie Mitgefühl mit sich selbst, und verstehen Sie, daß in jeder Unausgeglichenheit Stärke liegt; es gibt nichts Vollkommenes, keine absolute Vollendung. Alles im Leben ist ein Teil der »Suche«. Wären das Ziel oder der Weg unerreichbar, würde die Welt enden. Es ist der wohl begangene Weg, der Sie zum Helden macht, nicht das Endergebnis.

Mein Leben ist heldenhaft. Ich respektiere und ehre jeden meiner Schritte.

11

Affirmationen der Essenz oder Aktion

Affirmationen der Essenz oder Aktion sprechen lauter als Worte. Nichts geht über die Affirmation: »Ich fühle mich reich«, wenn man fünfzigtausend bar auf dem Küchentisch liegen hat. Irgendwie kapiert unser Denken so etwas ganz rasch.

Zur Tat zu schreiten, um Ihre Affirmation zu unterstützen, ist nicht kompliziert. Jeden Tag haben Sie viele Erfolge. Ihnen mögen Sie unbedeutend erscheinen. Aber für den Weisen ist alles von Bedeutung.

Die meisten von uns neigen dazu, ihre Triumphe herunterzuspielen, denn als Kinder haben wir gelernt, nicht anzugeben, sondern lieb und bescheiden zu sein und dcn Herrn um Vergebung unseres verkommenen Zustandes zu bitten. Das ist spiritueller Mist. Sie brauchen nicht vorzugeben, bescheiden zu sein, und Gott betrachtet Sie überhaupt nicht als verkommen. Selbst in Ihren schrecklichsten Augenblicken sind Sie schön und Ewigkeit durchzieht jedes Molekül Ihres Wesens.

Wenn Sie anfangen, Ihr Leben als wichtig zu betrachten, wird jede, auch noch so kleine Tat ebenfalls wichtig. Ein Spaziergang bei Tagesanbruch in der Stille ist ein Triumph der Disziplin, eine Affirmation der Essenz. Ihre Aufmerksamkeit bei der Arbeit kann eine weitere Affirmation sein. Eine Stunde mit jemanden zu sprechen, der Ihnen Schwierigkeiten macht, ist ebenfalls eine Affirmation. Wenn Sie sich auf Erfolg einstellen, wirken die Dinge, die Sie im Hinblick auf dieses Ziel unternehmen, wie Fackeln auf Ihrem Weg. Affirmationen der Essenz helfen Ihnen, die Lichter zu sehen.

Ihre Affirmationen der Essenz werden zu Wegweisern in Ihrem Leben. Sie wirken als Auslöser für positive Energie, die in Ihnen gespeichert ist.

Wenn Sie die kraftvollen Bereiche Ihres Lebens feststellen, werden sie Ihnen helfen, noch stärker zu werden. Nehmen Sie sich die Zeit, Ihre Stärken zu würdigen: Die Liebe, die Sie Familie und Freunden entgegenbringen, Ihre Liebe zur Natur, Ihre Fähigkeit, den Lebensunterhalt zu verdienen, Ihre schöpferische Kraft, Ihr scharfer Verstand und was immer. Wenn Sie bei seltenen Gelegenheiten fühlen, daß Ihre Energie nicht stark ist, so nehmen Sie sich einen Augenblick, um zu prüfen, warum das so ist, dann lösen Sie sich davon. Reiten Sie nie auf Vergangenem herum oder auf dem, was die Leute meinen, das Sie getan oder nicht getan haben. Mit Blick auf die Wegweiser in Ihrem Leben weben Sie ein Muster der Kraft um sich. Suchen Sie sich Menschen aus, die Sie erfrischen, und benützen Sie deren Energie. Wählen Sie Orte, die kraftvoll sind, gehen Sie dorthin und öffnen Sie sich der Kraft, die sie geben. Wenn Sie ein außergewöhnlich starkes Erlebnis haben, merken Sie es sich, und rufen Sie es zu einem späteren Zeitpunkt mit allen Gefühlen ab. Oder bilden Sie zumindest ein intensives Erinnerungsmuster, das Sie sich jederzeit ins Gedächtnis rufen können.

Wählen Sie immer den stärksten Weg. Wenn Sie ein Restaurant betreten, gibt es dort schwache und starke Plätze. Wählen Sie immer mit Ihrem Gefühl die höchste Energie. Lassen Sie sich nicht vom Schicksal beherrschen, beherrschen Sie Ihr Schicksal. Atmosphäre, Farbe, Musik, Speisen – alles sind Entscheidungen, die von Ihnen getroffen werden. Sagen Sie nie »Ich weiß nicht«, denn das ist im allgemeinen nicht korrekt. Wenn der Weise nicht weiß, zieht er sich zurück und überprüft seine Gefühle, prüft die Kraft, und bald hat er die Antwort.

Lassen Sie sich möglichst wenig ablenken im Leben, verwenden Sie möglichst viel Zeit zum Verfolgen Ihres Ziels. Fühlen Sie sich frei genug, Menschen das Wort abzuschneiden, wenn sie Ihre Zeit verschwenden. Merzen Sie alle überflüssigen Bemühungen aus und verlängern Sie Ihre Freizeit – Zeit, die Sie verwenden, um Ihr Leben zu verbessern, um zu lernen, zu studieren, das Leben zu genießen –, Zeit, um sich selbst zu verstehen, und die Lebenskraft in allen Dingen zu würdigen.

Dem Individuum wird die Erde gehören, denn am Ende wird jeder sehen, daß dies der einzige Weg ist, und daß alle Verbände nur Stationen auf dem Weg zur individuellen Transzendenz sind, das ist unser aller Schicksal. Treffen Sie Ihre Wahl, und dann fühlen Sie sich frei, wieder etwas zu ändern, wenn Sie es so wollen. Aber entscheiden Sie sich.

Werden Sie Tat-orientiert, sammeln Sie wertvolle Erfahrungen und machen Sie davon Gebrauch, um die nächste Herausforderung zu meistern. Entwickeln Sie Pläne, schreiben Sie das Drehbuch Ihres Lebens und folgen Sie ihm. Bewegen Sie sich bewußt, gehen Sie, rennen Sie nicht, und gewöhnen Sie sich dabei an, Ihre Umwelt wahrzunehmen.

Ihre Erwartungen sind grenzenlos, und Affirmationen der Tat werden Ihnen als Höhepunkt Ihrer Träume dienen, die auf der physischen Ebene Wirklichkeit werden. Sie werden feststellen, daß Ihr Leben in Phasen abläuft, und daß es Ihnen die Chancen bietet, jede Phase zu vollenden. Erledigen Sie, was unvollendet ist, bezahlen Sie Ihre Schulden und suchen Sie Versöhnung in Ihren zwischenmenschlichen Beziehungen. Eine abgeschlossene Aufgabe erlaubt Ihnen, zur nächsten weiterzuziehen. Erfüllen Sie Ihre Verpflichtungen und achten Sie darauf, keine weiteren anzunehmen, wenn sie Ihnen nicht dienlich sind. Gönnen Sie sich ein Maximum an Flexibilität. Dadurch beschleunigen Sie die Energie Ihres Lebens, und Sie werden merken, daß Sie Projekte sogar noch rascher zum Abschluß bringen.

Kreativität ist im Grunde ein Funke des universalen Geistes, umgesetzt in die Tat. Je näher Sie dem Licht sind, desto unkomplizierter ist Ihr Leben. Je weniger Meinungen Sie haben, desto mehr Energie fließt. Ich habe Menschen gesehen, die fast über Nacht zur Kreativität gefunden haben, indem sie ihr Leben auf Kraft ausrichteten und im Rahmen ihrer Pläne aktiv wurden.

Wenn Sie Ihre Energie in einem kleinen, konzentrierten Punkt sammeln, spricht das Universale Gesetz schnell darauf an, denn dann steht nichts der schnellen »Lieferung« im Weg. Je mehr Sie Herr Ihrer eigenen Welt sind und die übrige Welt anderen überlassen, umso mehr gewinnen Sie die Unterstützung der Gotteskraft, und umso mehr spüren Sie, daß Sie über alle Umstände triumphieren können.

Sie werden nie *alles* wissen. Wie kraftvoll Sie auch werden, die großen Geheimnisse des Lebens werden immer knapp jenseits Ihrer Reichweite liegen. Wenn Sie Schönheit sehen, gehen Sie darauf zu; wenn Sie Häßliches sehen, wenden Sie sich ab. Das ist Ihre Affirmation der Essenz. Schließlich wird die Unsterblichkeit, die Sie anstreben, unwiderruflich zu einem Teil Ihrer Existenz.

Wenn Sie lernen, der Macht in Ihrem Innern zu vertrauen, spricht sie darauf an. Indem Sie Ihr Schicksal der Gotteskraft in Ihnen anvertrauen, schaffen Sie eine Verletzlichkeit, die Sie sicher hält. Der Mann auf der Straße ist verletzlich, weil er nicht weiß, was er tut, und er leidet, weil er denkt, alles zu wissen. Der Weise ist in seiner Liebe zu allen Dingen verletzlich, weil er sich allen Dingen öffnet, und so hält ihn seine Verletzlichkeit in Sicherheit, denn seine Energie ist nicht aus dem Ego; sie ist eine Energie der Transzendenz und der Achtung. Der Weise weiß, daß er nichts weiß.

Auf unserem Wege von diesem Jahrhundert ins einundzwanzigste werden Sie eine große Spaltung der Menschheit beobachten, kein Zusammenfinden. Jene, die Macht und Disziplin besitzen, werden voranschreiten, um ihre Anstrengungen in einem letzten Erblühen menschlicher Leistung zum Höhepunkt zu bringen. Andere werden zurückfallen und wieder ins Stammesleben versinken – vielleicht in eine moderne Version, aber doch auf dieser Ebene. Und das ist, wie es gedacht ist.

Die Welt wird aufschreien in ihrer Qual, und Sie werden für das Wohl der Menschheit eintreten. Und Sie – alles Böse hinter sich lassend, ein Molekül in der Ewigkeit aller Dinge – werden für das Wohl der Menschheit einstehen als Vertreter eines engelsgleichen Standes, wenig verstanden und noch weniger anerkannt, Güte und Heilung spendend, die keine Gegenleistung erwartet.

Wenn Sie sich einmal der Liebe und Güte ergeben haben, werden Ihre Taten wie alte Freunde um Sie sein.

Die Energie, die sich aus Ihrem Inneren machtvoll ausdrückt, wird Sie zurückrufen, um in der einmaligen Schönheit aller Dinge zu ruhen. Endlich wieder vereint in Frieden und Sanftheit, können Sie wahrhaft sprechen: »Ich bin ewig, unsterblich, allumfassend und grenzenlos. So sei es.«

Das Gebet des spirituellen Kriegers

Ich bin, was ich bin.

Aus meinem Glauben an die Schönheit in mir entwickle ich Vertrauen.

In der Sanftheit liegt meine Stärke.

Im Schweigen wandele ich mit den Göttern.

Im Frieden verstehe ich mich und die Welt.

Im Streit entferne ich mich.

Im Nichtverhaftetsein bin ich frei.

Durch Achtung aller Dinge achte ich mich selbst.

In Hingabe ehre ich den Mut in mir.

In Ewigkeit habe ich Mitgefühl für das Wesen aller Dinge.

In Liebe nehme ich die Evolution der anderen bedingungslos an.

In Freiheit habe ich Macht.

Durch meine Individualität bringe ich die Gotteskraft
in mir zum Ausdruck.

Im Dienen gebe ich von dem, was ich wurde.

Ich bin, was ich bin:
Ewig, unsterblich, allumfassend und grenzenlos.
Und so sei es.

80 Seiten, kart. ISBN 3-927629-00-6

Lebenskampf ist ein Begriff, der uns nicht nur durch Erziehung, sondern auch durch das tägliche Leben, voll von vorgekauten Geboten, falschen Weisheiten, überlieferten Vorschriften, verknöcherter Bürokratie usw. wie ein Raster aufgedrängt wird.

Stuart Wilde zeigt, wie unsinnig diese Auffassung ist. Mit drastischen, humorvollen Beispielen führt er uns zu neuen Erkenntnissen unserer selbst und der Welt, wie sie wirklich ist.

Fragen Sie danach in Ihrer Buchhandlung...